谨以此丛书献给
内蒙古自治区文物考古研究所成立60周年

内蒙古文化遗产丛书

通辽文化遗产

内蒙古自治区文物考古研究所　编

文物出版社

责任编辑　贾东营
责任印制　梁秋卉

图书在版编目（CIP）数据

通辽文化遗产 ／ 陈永志，吉平，张文平主编；
内蒙古自治区文物考古研究所编．—北京：文物出版社，
2014.8
　（内蒙古文化遗产丛书）
　ISBN 978−7−5010−4039−1

　Ⅰ.①通… Ⅱ.①陈… ②吉… ③张… ④内… Ⅲ.
①文化遗产−介绍−通辽市 Ⅳ.①K292.63

　中国版本图书馆CIP数据核字(2014)第146720号

通辽文化遗产

编　　者　内蒙古自治区文物考古研究所
出版发行　文物出版社
地　　址　北京市东直门内北小街2号楼
邮政编码　100007
网　　址　www.wenwu.com
邮　　箱　web@wenwu.com
制版印刷　北京燕泰美术制版印刷有限责任公司
经　　销　新华书店
版　　次　2014年8月第1版第1次印刷
开　　本　787×1092　 1/16
印　　张　19.75
书　　号　ISBN 978−7−5010−4039−1
定　　价　300.00元

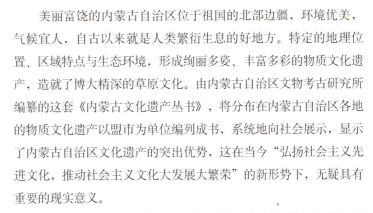

序言

美丽富饶的内蒙古自治区位于祖国的北部边疆，环境优美，气候宜人，自古以来就是人类繁衍生息的好地方。特定的地理位置、区域特点与生态环境，形成绚丽多姿、丰富多彩的物质文化遗产，造就了博大精深的草原文化。由内蒙古自治区文物考古研究所编纂的这套《内蒙古文化遗产丛书》，将分布在内蒙古自治区各地的物质文化遗产以盟市为单位编列成书，系统地向社会展示，显示了内蒙古自治区文化遗产的突出优势，这在当今"弘扬社会主义先进文化，推动社会主义文化大发展大繁荣"的新形势下，无疑具有重要的现实意义。

内蒙古自治区历史悠久，文化积淀深厚。草原地区人类的历史最早可以追溯到旧石器时代，这是草原文化的滥觞时期。在内蒙古呼和浩特东郊发现的大窑旧石器时代遗址，发现了石器制造场与其他的人类遗迹，将内蒙古地区人类的历史提升到了50万年。另外，在内蒙古其他地区还发现了距今5万年至1万年的"河套人"以及"扎赉诺尔人"，由此证明了中国北方的内蒙古自治区也是人类的重要起源地之一。新石器时代至青铜时代是草原文化形成的重要阶段，以赤峰红山命名的红山文化，是这一时期草原文化的核心。在内蒙古地区相继发现的兴隆洼文化、赵宝沟文化、富河文化、庙子沟文化、小河沿文化、朱开沟文化、夏家店下层文化等一系列草原考古学文化，使得中华民族文化呈现出"多源辐辏"、"百花齐放"的繁荣局面。秦汉、魏晋之际是草原文化快速发展的重要阶段。位于阿拉善盟的居延遗址群是中国西部地区重要的汉代边疆城市遗址，以出土"居延汉简"著称于世。呼和浩特地区和林格尔的盛乐古城遗址是内蒙古中南部最大的都城遗址。呼伦贝尔市鄂伦春自治旗的嘎仙洞遗址，发现北魏太平真君四年（443年）的石刻祝文，证明了此处是鲜卑贵族的"先祖石室"、拓跋鲜卑的发祥地。这些重要的文化遗产是中国历史上多民族文化碰撞、融合、升华的实物见证。辽金元时期草原文化达到了空前的繁荣与昌盛。内蒙古东部的赤峰、通辽历史上是辽王朝的京畿地区，契丹人的政治中心所在。在这一地区分布有辽上京、辽中京两大都城，还分布有辽祖陵、辽怀陵、辽庆陵三大皇族陵寝，以及轰动世界、闻名遐迩的辽陈国公主墓、吐尔基山辽墓。元代的内蒙古地区是东西文化交流的主阵地，"草原丝绸之路"东端的重要起点。元上都遗址是中国北方草原地带最大的元代都城遗址，御天门、大安阁、穆清阁等重要建筑遗迹，真实地再现了元代皇城的宏伟规模，极大地彰显了元上都遗址的突出价值，是内蒙古自治区极为珍贵的世界文化遗产。位于乌兰察布市的集宁路古城遗址，考古发现了一处完整的市肆遗迹及多处器物窖藏，出土了釉里红玉壶春瓶、青花梨形壶、卵白釉"枢府"铭盘、青釉龟形砚滴、青釉荷叶盖罐等大量完整瓷器，以及其他珍贵瓷器标本上万件，堪称中国的"庞贝城"。另外，内蒙古自治区也是我国古代岩画资源最为富集的地区，以阴山岩画、曼德拉山岩画、乌兰察布岩画最为典型，岩画总量多达十万余幅，时代纵跨上万年，这是内蒙古草原地区现存最为壮观的古代艺术画廊。此外，内蒙古自治区还拥有当今世界上保存最长、辐射面最广、影响最为深远的特殊文化线路——长城。全区共查明有战国燕、战国赵、战国秦、秦代、西汉、东汉、北魏、隋代、北宋、金代、西夏、明代修筑的长城墙体7570公里，有与长城相关的马面、敌台、烽燧、障城、关堡等各类遗存近万处，其附属遗址的数量、跨越的时代及墙体长度，都位居全国第一。这些林林总总的物质文化遗产都是内蒙古自治区珍贵的文化资源，是草原文明的重要实物载体，也是草原文化薪火相传的实物例证。

《内蒙古文化遗产丛书》以草原地区古代民族活动遗留下来的物质文化遗产为具体研究对象，对人类的生产生活、社会生活、精神生活进行"时"、"空"、"人"三维的全方位考察研究，以期对草原民族物质生活、精神生活以及制度体系进行客观定位，进而揭示社会文化的发展状况，人类文明的历史进程。人类起源问题是当今世界十大科学课题之一，草原人类从何而来？草原文明从哪发端？这也是困扰当今学术界的重大问题。内蒙古草原地带大窑遗址、萨拉乌苏遗址、金斯太洞穴遗址、扎赉诺尔遗址等一系列旧石器时代文化遗存的考古发现，证明中国北方草原地带的内蒙古自治区同样也是人类的重要发祥地之一，其学术意义是不言而喻的。而古代文明的起源与形成也是世界学术界倍加关注的课题之一。近年来，随着内蒙古文化遗产保护、发掘与研究工作的深入开展，广泛分布在蒙古草原地带的一些古代遗址与墓葬逐渐地被揭露与发现，不同历史时期的文物精品大量破土面世。特别是位于内蒙古东部地区红山文化遗址的考古发现，证明了中华民族文明的源头可以追溯到草原深处，内蒙古同样也是中华文明曙光升起的地方，草原文化与黄河文化、长江文化三位一体，已经构成了中华民族历史文明的三大主流文化。中华民族多元一体文化格局的建构，草原文化功不可没。

草原文化之所以有着如此强大的生命力与感召力，还在于她的开放性、包容性与文化内涵的博大精深。内蒙古自治区位于欧亚大陆的东端，蒙古高原的南部，作为世界历史上著名的"草原丝绸之路"，这里是东西文化交流的重要长廊，也是游牧文明与农耕文明交融和碰撞的特殊地带。特殊的区域位置与人文环境，创造了种类繁多、规模宏大、保存完好的城市文化遗产。在内蒙古自治区分布有北魏的盛乐都，辽代的上京城，元代的上都、黑城古城等中外闻名的城市遗址，围绕着这些大遗址，群星点点地分布着各类古代文化遗存，构成了草原丝绸之路商品交换的大通道，东西文化传播的主干线。

所以，分布在内蒙古自治区这些林林总总的物质文化遗产，反映了草原文化的庞大内涵，是草原文明最为直接而又形象的体现。文化是多元的，中华民族文化是多民族文化碰撞、融和、升华的结果，草原文化是中华民族文化构筑的一个重要板块，深化草原文化研究，考察草原文化的发展演进轨迹，探索草原文化与华夏文化碰撞、融合的历史进程，对于进一步弘扬中华民族文化具有重要的历史意义。

习近平总书记指出：一个国家、一个民族的强盛，总是以文化兴盛为支撑的，中华民族伟大复兴需要以中华文化发展繁荣为条件。中华优秀文化是我们民族永不褪色的名片、永不贬值的"硬通货"。同时要求我们要系统梳理传统文化资源，让收藏在禁宫里的文物、陈列在广阔大地上的遗产、书写在古籍里的文字都"活"起来。这是对我们文化工作者的一个总体要求，也是我们文化遗产保护事业发展的一个总方针。目前，内蒙古自治区的文化遗产保护事业蓬勃发展，草原文化研究欣欣向荣，重大考古发现层出不穷，学术研究成果斐然，文化遗产保护工作得到了社会的普遍认同，在弘扬中华民族传统文化、增强国民凝聚力与向心力、建设社会主义和谐社会等方面发挥着不可替代的重要作用。作为展示草原文化遗产的点睛之作，《内蒙古文化遗产丛书》以研究内蒙古文化遗产为主要内容，旨在进一步弘扬草原文化，传承草原文明，这是这套丛书付梓的重要意义。

是为序。

内蒙古自治区党委常委　宣传部部长

2014年7月25日

目录

前言

陈永志

内蒙古自治区位于中国北方草原地带，作为世界上著名的"草原丝绸之路"，历史文化积淀深厚。目前已初步查明有各类文物遗址点2.1万余处，全国重点文物保护单位141处，自治区级重点文物保护单位319处，盟市旗县级别的文物保护单位700余处。这些林林总总的物质文化遗产，构成了草原文明的主体，展现出草原文化发展的完整脉络，是内蒙古自治区极为珍贵的文化资源。如何有效地利用这些丰厚的文化遗产，将文化遗产资源转化为强大的发展优势，这是我们每一个文物考古工作者所肩负的历史重任。党的十八大提出"两个一百年"的奋斗目标和实现中华民族伟大复兴"中国梦"的战略构想，而夯实中华文化的根基，展示中华文化的精粹，张扬中华文化的辉煌，是建设社会主义文化强国的根本，也是奔向"两个一百年"奋斗目标和实现中华民族伟大复兴"中国梦"最为有效的途径。

内蒙古自治区多草原、山地、沙漠的自然环境特点，使得历史上遗留下来的大量文物古迹完整地保存至今。内蒙古文化遗产的特色与优势就是地下埋藏文物丰富，文化内涵深厚，草原特色鲜明。近期，内蒙古自治区党委、政府提出了"8337"的发展思路，将内蒙古自治区建设成"体现草原文化、独具北疆特色的旅游观光、休闲度假基地"作为文化发展的战略目标，其主旨就是要充分发掘文化资源，彰显内蒙古自治区突出的文化资源优势，丰富草原文化的内涵。而文化遗产则是草原文化的主要承载体，是草原文明最为形象直观的体现。所以，对内蒙古自治区文化遗产的深入发掘、研究与展示，是弘扬草原文化、传承草原文明、建设民族文化强区的实际需要。

中华民族文化是多民族文化碰撞、融和、升华的结果，草原文化是中华民族文化的重要组成部分，而文化遗产则是草原文化的精粹，也是草原文化的核心内容。因此，对草原文化遗产的深入发掘与研究，对于提升草原文化在中华民族文化中的历史地位具有重要的意义。中华民族素以"声色文物之邦"著称于世，具有悠久的历史与光辉灿烂的文化。中华文化的特点首先是连绵不断，其次是多元一体，再次是具有鲜明的民族特色。世界上没有任何一个国家像中国一样，具有自旧石器时代起，历经新石器时代、青铜时代、铁器时代、历史时期直至近现代这样一个衔接完整的历史发展脉络，更没有一个国家的文化像中国的文化一样包罗万象、博大精深、源远流长，这也是中华民族之所以屹立于世界民族之林的一个重要原因。内蒙古自治区位于蒙古高原的南端，是草原丝绸之路的主干线，东西文化碰撞、交流的枢纽地带，中华民族文化以此为平台，向周边地区传播，从而推动了世界文明的发展。所以，草原文化在构建中华民族多元一体文化格局的过程中具有重要的作用，而构成草原文化核心内容的就是这些丰富多彩的草原文化遗产，这是内蒙古自治区重要的文化资源，也是建设民族文化强区强大的"软实力"。

习近平总书记指出：宣传阐释中国特色，要讲清楚每个国家和民族的历史传统、文化积淀、基本国情不同，其发展道路必然有着自己的特色；讲清楚中华文化积淀着中华民族最深沉的精神追求，是中华民族生生不息、发展壮大的丰厚滋养；讲清楚中华优秀传统文化是中华民族的突出优势，是我们最深厚的文化软实力。这是对我们国家文化遗产保护事业高屋建瓴的一个总体要求。近年来，随着内蒙古田野考古工作的深入开展，广泛分布在蒙古草原地带的一些古代城址与墓葬逐渐地被揭露与发现，不同历史时期的文物精品大量破土面世，草原文化的研究进入了一个全新的历史阶段。在新的历史条件下，为了进一步繁荣发展内蒙古自治区的文化遗产保护事业，深入弘扬草原文化，针对内蒙古自治区文化遗产的分布状况与文化特点，我们编写了这套《内蒙古文化遗产丛书》，对内蒙古自治区境内的文化遗产进行深入的发掘、研究与展示，目的就是让这些埋藏在地下的文化遗产充分地"活"起来，以期讲好中国故事，传播好中国声音，为建设内蒙古文化强区尽绵薄之力。

《内蒙古文化遗产丛书》分为《呼和浩特文化遗产》、《包头文化遗产》、《乌海文化遗产》、《赤峰文化遗产》、《通辽文化遗产》、《呼伦贝尔文化遗产》、《鄂尔多斯文化遗产》、《乌兰察布文化遗产》、《巴彦淖尔文化遗产》、《兴安文化遗产》、《锡林郭勒文化遗产》、《阿拉善文化遗产》共12卷本，根据内蒙古自治区的行政区划按盟市为单位分别编写。所介绍的内容为传统意义上的物质文化遗产，空间范围以内蒙古自治区辖境为基本覆盖范围，时间范围为旧石器时代至近现代，具体为不同历史时期遗留下来的古遗址、古墓葬及相关文物，涵盖历史、文学、艺术、语言、宗教、哲学、教育、民俗诸多方面的内容。重点以各盟市所辖范围内的全国重点文物保护单位、自治区级重点文物保护单位和市县级重点文物保护单位为主，同时包括其他未定级别的文物遗址与重要的考古发现，并配以图片及相关佐证材料，力求客观真实。

本系列丛书为内蒙古自治区"草原英才"工程项目成果之一，同时也是献给内蒙古自治区文物考古研究所建所60周年的隆重大礼。我们力求通过本系列丛书将内蒙古自治区境内的文化遗产状况全面、系统、真实地反映出来，为建设发展的内蒙古、繁荣的内蒙古、文化的内蒙古贡献自己的一份力量。囿于编者的学识与水平，本系列丛书难免有这样或那样的不足之处，敬请各位读者批评指正。

内蒙古文化遗产概论

陈永志

内蒙古自治区地域辽阔，呈东北向西南斜伸的狭长形，总面积约118.3万平方公里。在漫长的地质历史演化的过程中，形成了高山、草地、平原、盆地、沙漠戈壁等复杂的自然环境风貌。这些复杂的自然环境，同时也造就了内蒙古地区多元化的人文环境风貌。从旧石器时代的"大窑人"，到新石器时代的"红山人"，再到青铜时代的"夏家店人"，一直到后来的北狄、匈奴、鲜卑、突厥、回鹘、契丹、女真、蒙古等民族，这些草原民族经过世代繁衍生息，交往融合，形成了雄厚的历史文化积淀，造就了博大精深的草原文化遗产。对这些草原文化遗产的突出普遍价值的正确认知，是深入发掘内蒙古自治区文化资源的需要，也是建设文化强区的必要保障。

一　内蒙古物质文化遗产概况

文化遗产包括遗存与遗物两大部分，主要涉及人类社会政治、经济、文化、军事、宗教等诸多方面。遗存主要有古

锡林郭勒盟金斯太旧石器时代洞穴遗址

城市遗址、古墓葬、古建筑等，还有长城、界壕、驿道等复合型的特殊遗址；遗物主要有金银器、青铜器、碑刻、岩画、货币、雕塑、陶瓷、丝织品等。目前已初步查明内蒙古自治区有各类文物遗址点2.1万余处，全国重点文物保护单位141处，自治区级重点文物保护单位319处，盟市旗县级别的重点文物保护单位700余处。这些珍贵的文化遗存，构成了草原文明的主体，展现出草原文化发展的完整脉络。

旧石器时代是草原文化的滥觞时期，位于中国北方的内蒙古自治区同样也是人类的重要起源地之一。目前为止，在内蒙古自治区发现的旧石器时代遗址就达三十余处，其中以呼和浩特东郊发现的大窑遗址、鄂尔多斯发现的萨拉乌苏遗址、锡林郭勒发现的金斯太洞穴遗址、呼伦贝尔发现的扎赉诺尔遗址最为典型。大窑遗址位于呼和浩特市大窑村南，以发现的旧石器制造场及四道沟典型的地层剖面为重要的考古学依据。第一层为表土层，形成于全新世；第二层为马兰黄土层，形成于晚更新世晚期；第三层为淡红色土层，形成于晚更新世早期；第四层至第七层为离石黄土层，形成于更新世中期。在第四层底部发现有肿骨鹿化石，还有远古人类打制的石片、刮削器、砍砸器、石刀和石核等石制品，其时代属于旧石器时代早期，距今约50万年。鄂尔多斯萨拉乌苏旧石器时代遗址，发现于1922年，其后经过多次调查，在此地相继发现了顶骨、额骨、枕骨、股骨、胫骨、腓骨19件化石。其中有六件人骨化石是从晚更新世原生地层里发现的，学术界命名为"萨拉乌苏文化"，属于旧石器时代晚期，距今5万至3.7万年。锡林郭勒盟东

赤峰市魏家窝铺红山文化遗址发掘现场

通辽市哈民遗址清理出土的半地穴房屋基址

乌珠穆沁旗金斯太洞穴遗址，发现了旧石器时代中期晚段到青铜时代的连续地层堆积。在旧石器时代地层中发现了人类用火遗迹，出土了大量的打制石器、细石器、晚更新世晚期的动物骨骼化石等珍贵遗存。经^{14}C测定，距今约3.6万年。金斯太洞穴遗址的考古发现，对北方草原地区旧石器时代中晚期现代人的起源、迁徙、旧石器时代至新石器时代转变机制等方面的研究，都具有十分重大的意义。扎赉诺尔遗址发现于1927年，先后共发现15个个体的人头骨化石及其他化石。该遗址出土有石镞、刮削器、石片、石核等细石器，刀梗、锥、镖等骨器，并出土有夹砂粗陶器残片，同时出土有猛犸象、披毛犀等动物化石，是典型的中石器时代遗址，具体时代距今一万年左右。

在内蒙古自治区共发现新石器时代遗址两千余处，这些遗址主要分布在内蒙古东南部的西辽河流域及内蒙古中南部的黄河流域及环岱海地区。以赤峰红山命名的红山文化，是这一时期草原文化的核心。在内蒙古东部地区相继发现的兴隆洼文化、赵宝沟文化、富河文化、小河沿文化等一系列草原考古学文化，使得中华民族文化呈现出"多源辐辏"、"百花齐放"的繁荣局面。西辽河流域时代最早的新石器时代文化是敖汉旗的"兴隆洼文化"，其后是位于敖汉旗的"赵宝沟文化"和以赤峰红山后遗址为代表的"红山文化"以及以巴林左旗富河沟门聚落遗址为代表的"富河文化"。在通辽市科尔沁左翼中旗发现的哈民聚落遗址，是近期在内蒙古东北地区发现的较为重要的考古发现，被定名为"哈民文化"，也属于红山文化系列。这些考古学文化早到距今约8000年，晚到距今约4000年，以之字纹筒形罐、C形玉龙、楔形石耜为主要考古学文化特点。内蒙古中南部黄河流域及环岱海地区的新石器时代文化，主要属于中原地区的仰韶文化和龙山文化序列。最早的以凉城县王墓山遗址为代表的"王墓山下类型"，其年代大约距今6000年，属于仰韶文化晚期。其后有托克托县的"海生不浪文化"、包头市的"阿善二期文化"、察哈尔右翼前旗的"庙子沟文化"、凉城县的"老虎山文化"等，以彩陶钵、小口尖底瓶、双耳罐为主要考古学文化特点。

内蒙古地区发现的青铜时代遗址有七千余处，其中以夏家店下层文化、夏家店上层文化、大口二期文化和朱开沟文化为典型。夏家店下层文化发现于老哈河及大小凌河流域，以赤峰药王庙、夏家店、蜘蛛山、大甸子遗址，范杖子墓地为典型，其后又有赤峰三座店山城遗址、二道井子聚落遗址等重要考古发现。夏家店上层文化南边老哈河流域以宁城县南山根遗址为代表，北边西拉沐沦河流域以赤峰克什克腾旗龙头山遗址为典型，时间为夏、商至春秋时期。同一时期的考古学文化在赤峰地区还有"井沟子"、"铁匠沟"、"水泉"等文化类型。内蒙古中南部的青铜时代遗址，较为典

赤峰市三座店石城遗址

赤峰市二道井子遗址考古发掘现场

型的是准格尔旗大口村的"大口二期文化"和伊金霍洛旗的"朱开沟文化"。在朱开沟文化的第五段遗存内，发现鄂尔多斯式青铜戈，从而将鄂尔多斯式青铜器的时代上限上溯到二里冈上层文化时期，也就是商代早期。经过考古发掘证明，以"鄂尔多斯式青铜器"为代表的"朱开沟文化"，是属于商周时期中国北方少数民族的文化遗存，其时代下限距今2500年左右。

　　秦汉、魏晋之际是中国历史上各民族走向大一统、大融合的重要历史阶段。秦汉王朝为稳定边疆统治，在内蒙古地区营建大小边疆城镇，并屯垦开发。初步统计，内蒙古地区有秦汉时期大小城镇多达四十余座，目前能够确定其地望的城址主要有以下几例：云中郡为托克托县古城村古城，沙陵县城址为托克托县哈拉板申村东古城，沙南县城址为准格尔旗十二连城域，桢陵县城址为托克托县章盖营子古城，北舆县城址为呼和浩特塔布陀罗海古城，阳原县城址为呼和浩特市郊八拜村古城，武泉县城址为卓资县三道营子村古城，五原郡治所为乌拉特前旗三顶帐房古城，临沃县城址为包头市麻池村古城，定襄郡治所成乐城为和林格尔县土城子古城，桐过县城址为清水河县上城湾古城，安陶县城址为呼和浩特市郊陶卜齐古城，武城县城址为和林格尔县榆林城古城，临戎县城址为磴口县补隆淖乡河拐子古城，窳浑县城址为磴口县沙金陶海保尔浩特古城，朔方郡治所三封县城为磴口县陶升井古城，美稷县城址为准格尔旗纳林镇古城，广衍县城址为准格尔旗瓦尔吐沟古城，沃阳县城址为凉城县双古城古城，右北平郡治所平刚县城为宁城县甸子乡黑城古城。这些秦汉时期城市遗址在魏晋南北朝时期继续沿用，成为鲜卑族南迁汉化的重要跳板。其中拓跋鲜卑南下建立的第一座都城盛乐城在今天的和林格尔县土城子古城，是内蒙古中南部最大的城市遗址，而北魏云中宫所在地就在今托克托县古城村古城。围绕着这两座古城，还分布有北魏重要的军事重镇，其中的沃野镇城址为乌拉特前旗苏独仑乡根子场古城，怀朔镇城址为固阳县城库伦古城，武川镇城址为武川旦乌兰不浪乡土城梁古城，抚冥镇城址为四子王旗库图城卜子古城，柔玄镇城址为察哈尔右翼后旗白音查干古城。目前在内蒙古地区共发现有秦汉魏晋时期的文物遗址多达三千余处，东西分布众多的城市遗址是这一特殊历史时期古代内蒙古地区多民族文化碰撞、融合、升华的实物见证。

内蒙古隋唐时期的文物遗址较少，目前初步统计有三百余处，这些文物遗迹也主要以城市遗址为主，目前能够认定其性质的主要有以下几例：隋代朔方郡长泽县城址为鄂托克前旗城川古城，榆林郡治所胜州城址为准格尔旗十二连城，富昌县城址为准格尔旗天顺圪梁古城，金河县城址为托克托县七星湖新村古城，五原郡治所丰州城为乌拉特前旗东土城村古城。唐王朝为了加强对北方边疆地带的控制，实行节度使与羁縻州制度，内蒙古地区唐代的城镇多属于羁縻州府。其中振武节度使与单于都护府同驻一城，城址在今和林格尔县土城子古城，东受降城在今托克托县的大皇城古城，胜州城址在今准格尔旗十二连城古城，河滨县城址在今准格尔旗天顺圪梁古城，长泽县城

呼和浩特市和林格尔盛乐古城遗址发掘清理的汉代砖室墓

呼和浩特市和林格尔汉墓壁画——庄园图

在今鄂托克前旗城川古城，白池县城址在今鄂托克前旗二道川的大池古城，天德军城址在今乌拉特前旗陈二壕古城，中受降城址在今包头市傲陶窑子古城，兰池都督府城址在今鄂托克前旗三段地乡的巴拉庙古城，饶乐都督府城址在今林西县樱桃沟古城。这些隋唐时期的城址，大部分保存完好，城内遗迹丰富，出土文物精美。

辽金元时期内蒙古地区的文物遗址最为丰富，多达1.1万余处。这些文物遗址规模宏大、种类庞杂、精品众多，在世界文明史上具有重要的历史地位。位于内蒙古东部的赤峰市辖区，历史上是辽王朝的京畿地区，契丹人的政治中心。在这一地区分布有辽上京、辽中京两大都城，还分布有辽祖陵、辽怀陵、辽庆陵三大皇族陵寝。在辽代，中国北方草原地带开始了大规模的城市建设，据《辽史》记载，辽朝有"京五、府六、州军城百五十六、县二百有九"。目前能够确认的辽代城市遗址有两百余座，其中最为著名的上京临潢府城址在今巴林左旗林东镇，中京大定府城址在今宁城县大明城。除辽代京城以外，还有一些著名的州县城，如龙化州城址为今奈曼旗孟家段古城，永州城址为今翁牛特旗白音他拉古城，武安州城址为今敖汉旗丰收乡白塔子古城，丰州城址在今呼和浩特白塔城，祖州城址在今巴林左旗石房子古城，庆州城址在今巴林右旗索博力嘎古城，通化州城址在今陈巴尔虎旗浩特陶海古城等。金代城址也多沿用辽代城址，其中北京路城址为今宁城县大明城，武平县城址在今敖汉旗白塔子古城，临潢府路城址在今巴林左旗林东镇南古城，长泰县城址在今巴林左旗十三敖包乡古城，西京路所属丰州城址在今呼和浩特市东白塔古城，东胜州城址在今托克托县的大皇城和小皇城，宁边州城址在今清水河县下城湾古城，净州城址在今四子王旗吉生太乡城卜子古城，桓州城址在今正蓝旗四郎城古城，集宁县城址在今察哈尔右翼前旗巴彦塔拉乡土城子古城，振武镇城址在今和林格尔土城子古城，宣宁县城址在今凉城县淤泥滩古城，天成县城址为今凉城县天成村古城等。金代的城市一般年代跨度较小，规模不显，但同样也被后来的元朝沿用与开发。古代的内蒙古地区是元朝的肇兴之地，此地建有元朝的开国之都——元上都，还分布有一系列的路府州县城市，文物遗迹丰富。世界著名的元上都城址位于今正蓝旗五一牧场内，城垣面积达四平方公里之多，是当时国际性的大都会。以元上都城址为中心，元代的城市遗址可以说是星罗棋布。成吉思汗母亲月伦太后和幼弟斡赤斤在其封地内兴筑的城郭位于今鄂温克族自治旗辉苏木巴彦乌拉古城，成吉思汗二弟哈撒儿在其封地内兴筑的城郭为今额尔古纳右旗黑山头古城，汪古部兴建的德宁路古城为在今达尔罕茂明安联合旗敖伦苏

赤峰市辽代上京城皇城内清理的塔基遗址

通辽市辽陈国公主墓发掘现场

木古城，元代砂井总管府城址为今四子王旗红格尔苏木大庙古城，元代集宁路城址在今察哈尔右翼前旗巴彦塔拉乡土城子古城，净州路城址在今四子王旗吉生太乡城卜子古城，弘吉剌部在其封地内兴筑的应昌路城址为今克什克腾旗达尔罕苏术鲁王城，全宁路城址为今翁牛特旗乌丹镇西门外古城，亦乞列思部兴建的宁昌路城址在今敖汉旗五十家子村，上都路下属的桓州城址为今正蓝旗四郎城，松州城址在今赤峰市红山区西八家古城，兴和路下属的威宁县城址在今兴和县台基庙古城，丰州城址在今呼和浩特市东白塔古城，云内州城址在今托克托县西白塔古城，东胜州城址在今托克托县大皇城，红城屯田所在今和林格尔县小红城古城，大宁路城址在今宁城县大明城，高州城址在今赤峰市松山区哈拉木头古城，兀剌海路城址在今乌拉特中旗新忽热古城，亦集乃路城址为今额济纳旗黑城。这些元代城市遗址呈扇形分布在中国北方的内蒙古草原地带，构成了规模宏大而又自成体系的文化遗产景观，是草原丝绸之路上的重要城市遗址，也是内蒙古自治区文化遗产的核心所在。

二　内蒙古文化遗产资源的特色与优势

内蒙古自治区地域辽阔，多山地、草原、沙漠的自然环境特点，加之人为干扰较少，使得地上、地下文化遗存大部分得以完整地保存下来。所以，内蒙古自治区文化遗产最大的特点是保存完整、种类丰富、精品辈出。特别是近几年，内蒙古自治区重要考古发现不断出现，文化遗产保护事业成绩斐然，现已形成具有民族与地域特色的文化遗产体系，彰显内蒙古自治区文化发展的强势与巨大的潜力。

1972年，在盛乐古城南发现的小板申东汉壁画墓，发现保存完好的壁画56组，57幅，榜题250条，是目前研究东汉庄园制度最为完整的实物资料。1986年，在通辽奈曼旗青龙山发掘的辽陈国公主墓，出土三千多件（组）金、银、玉质地的珍贵文物，

赤峰市耶律羽之墓耳室墓门

赤峰市宝山辽墓壁画《寄锦图》

其中金属面具、银丝网络以及璎珞、琥珀饰件堪称辽代文物之奇珍。辽陈国公主墓的考古发掘，被评为"七五"期间全国重要考古发现。1992年，在赤峰阿鲁科尔沁旗发掘的耶律羽之墓，墓内出土了大量金银器皿及五代时期的珍贵瓷器，其中孝子图纹鎏金银壶、盘口穿带白瓷瓶最为名贵。1994年，赤峰阿鲁科尔沁旗发现一座辽代贵族墓葬，墓室内发现了大面积精美的壁画，主要有《贵妃调鹦图》、《织锦回文图》、《高逸图》、《降真图》，壁画题材丰富，对于研究辽代的绘画艺术提供了弥足珍贵的实物资料。2003年，在通辽吐尔基山再次发现一座保存完好的辽代贵族墓葬，墓内出土有精美的彩绘木棺，棺内墓主人身着十层华丽的丝织衣物，伴出有金牌饰、金耳饰、金手镯及成串铜铃等，另外还发现有鎏金铜铎、银角号、包金银马具等大批珍贵文物，显示了辽文化的繁荣与昌盛。上述三项辽代重要的考古发掘，分别被评为1992年、1994年和2003年度的"全国十大考古新发现"。

2003年，位于乌兰察布市察哈尔右翼前旗集宁路古城，发现了一处完整的市肆遗迹及四十余处器物窖藏，出土了釉里红玉壶春瓶、青花高足碗、卵白釉"枢府"铭盘、青釉龟形砚滴、青釉荷叶盖罐、月白釉香炉等珍贵瓷器三百余件，其他瓷器标本上万件。由此，集宁路古城遗址被评为2003年度"全国十大考古新发现"。另外，内蒙古文物工作者还对元上都遗址进行了大规模的考古勘探与发掘。发掘清理了御天门、大安阁、穆清阁等重要文物遗迹，真实地再现了元代皇城的宏伟规模，极大地彰

通辽市吐尔基山辽墓主墓室

显了元上都遗址的突出价值。鉴于元上都的特殊历史地位，联合国教科文组织于2012年将其列入世界文化遗产名录——这是内蒙古自治区第一个世界文化遗产。

2009年，赤峰市二道井子夏家店下层文化遗址的考古发掘，揭露面积3500平方米，清理房屋、窖穴、灰坑、墓葬、城墙等遗迹单位近三百处，出土各类文物近千件，该遗址被评为中国社会科学院2009年度"中国六大考古新发现"和2009年度"全国十大考古新发现"。2010年，内蒙古自治区文物考古研究所在通辽市科尔沁左翼中旗舍伯吐镇哈民芒哈发现了一处距今约5500年前的大型史前聚落遗址。共清理出房址43座，墓葬6座，灰坑33座，环壕1条。出土陶器、石器、骨器、蚌器、玉器等文物近千件。特别重要的是，发现了保存完好的半地穴式房屋顶部的木质构架结构痕迹，为近年来东北地区史前考古的重大发现。哈民遗址的考古发掘由此被评为中国社会科学院2011年度"中国六大考古新发现"和2011年度"全国十大考古新发现"。

内蒙古自治区也是我国古代岩画资源最为富集的地区。在锡林郭勒盟、乌兰察布市、巴彦淖尔市、阿拉善盟、乌海市等地，发现古代岩画十万余幅，以阴山岩画、曼德拉山岩画、乌兰察布岩画、桌子山岩画最为典型，时代纵跨上万年。这些岩画以古阴山山脉为中心，东西横亘几千公里，堪称世界上最长的、内容最为丰富的古代艺术画廊。长城是集系统性、综合性、群组性于一身具有突出普遍价值的世界文化遗产，它是当今世界上保存最长、辐射面最广、影响最为深远的文化线路。在内蒙古自治区

乌兰察布市集宁路古城清理出的市肆大街遗址

境内共分布有战国燕、战国赵、战国秦、秦代、西汉、东汉、北魏、隋代、北宋、金代、西夏、明代修筑的长城。这些长城分布于全区12个盟市的76个旗县，总计长度达约7570公里，单体建筑、关堡和相关遗存总数达九千六百余处。内蒙古自治区的长城资源总量，占到了全国长城资源总量的三分之一，无论是时代之多还是体量之大，在全国16个有长城分布的省、自治区、直辖市中，都是位居第一。

与考古发现相辅相成的是一大批珍贵文物的出土。目前全区共有馆藏文物50万件（组），其中国家一级文物1790件，二级文物4050件，三级文物6545件。这些文物时代特征鲜明，民族特色浓郁，是内蒙古自治区重要的文化资源。在内蒙古赤峰地区发现的红山文化碧玉龙，堪称"中华之最"，中华文明的曙光。鄂尔多斯市霍洛柴登出土的匈奴王鹰形金冠饰、虎牛咬斗纹金带饰等珍贵文物，是匈奴贵族单于王的重要遗物。乌兰察布市发现的"虎噬鹰"格里芬金牌饰、金项圈，象征着匈奴王权的尊贵与威严。呼伦贝尔市、通辽市、乌兰察布市等地发现的"叠兽纹"、"三鹿纹"金牌饰以及其他的金冠饰、金带饰等文物，都是鲜卑贵族使用的代表性装饰品。赤峰市喀喇沁旗出土的双鱼龙纹银盘、鱼龙纹银壶、波斯银壶，是唐代"草原丝绸之路"上发现的一批重要文物。辽代陈国公主墓出土的黄金面具、龙凤形玉配饰，耶律羽之墓出土的褐釉鸡冠壶、双耳穿带瓶，吐尔基山辽墓出土的彩绘木棺、鎏金宝石镜盒以及造型各异的瓷器、金器、玉器及装饰奢华的马具等，是辽代文物的精品。元上都遗址出土的汉白玉龙纹角柱与柱础，再现了元代皇家宫城建筑的华丽与辉煌的气势。金马鞍是体现蒙古族游牧与丧葬风俗的绝品文物，具有游牧民族"四时迁徙，鞍马为家"的文化特点，又是蒙古贵族"秘葬"风俗习惯的真实反映。而八思巴字的圣旨令牌，是代表元朝皇权的典型文物，既是传达皇帝圣旨与政令的信物，也是蒙元时期军政合一的政治体制特点与国家驿站制度的综合体现。元代瓷器类文物首推青花、釉里红瓷器，其中以包头燕家梁出土的青花大罐，集宁路出土的青花梨形壶、釉里红玉壶春瓶最为珍贵。这些林林总总的文化遗产是内蒙古自治区珍贵的文化资源，是草原文明的主要实物载体，也是草原文化薪火相传的重要实物例证。

三　充分发掘草原文化遗产的重要意义

目前，内蒙古自治区文化遗产保护事业蓬勃发展，取得了累累硕果。重要的考古发现层出不穷，学术研究成果斐然，有力地保障了内蒙古自治区文化事业的健康发展。文化遗产日益成为促进经济社会和谐发展的重要因素，在弘扬中华传统文化、增

锡林郭勒盟元上都古城穆清阁遗址

强国民凝聚力和向心力、建设社会主义和谐社会等方面发挥着不可替代的重要作用。

首先，文化遗产的发掘研究夯实了草原文化研究的理论基础。内蒙古地区的一系列重大考古发现，极大地丰富了草原考古学文化的内涵。如通过对内蒙古呼和浩特东郊大窑旧石器遗址的考古发掘，发现属于旧石器文化的石器制造场与其他的人类遗迹，相当于北京周口店第一地点的文化面貌，将内蒙古地区人类的历史提升到了50万年；再如红山文化遗址及典型文物碧玉龙的发现，堪称中国第一缕文明的曙光。红山诸文化考古序列的确立，如同中原地区第一次从地层上明确划定了仰韶文化、龙山文化、商文化的时间序列的意义一样，将中国文明的历史从发端到发展的历史脉络勾勒得一清二楚，填补了中国考古学文化的空白，极大地完善了草原文化研究的序列与谱系。

其次，对文化遗产的发掘研究，关系到"两个一百年"奋斗目标和中华民族伟大复兴"中国梦"的实现，也是提高国家文化软实力、建设文化强区的时代需要。文化遗产是一个时代、一个民族文化与文明的物化遗留，是民族文化的精粹，是人们唯一能够看得到、摸得着的文化实体，具有无可比拟的感召力与影响力，也是人类社会可持续发展的重要因子。因此，文化遗产也是人类社会重要的文化资源，对其进行深入

阿拉善盟曼德拉山岩画《狩猎图》

巴彦淖尔市小佘太秦长城遗址

的发掘研究，既是对优秀民族文化的继承与认知，也是为建设文化强区提供精神动力与智力支持。所以，将丰富的文化遗产资源优势转化为强大的发展优势和发展动力，在文化建设上实现新的跨越，这也是提升国家文化软实力、建设文化强区的迫切需要。

再次，对文化遗产的发掘研究，是让文化资源惠及民众的必然要求及有效途径，也是文化大发展、大繁荣的时代需要。文化遗产是国家重要的文化资源，承载的信息量丰富，知名度高，对社会的影响巨大，是丰富人民精神世界、增强人民精神力量的重要介质。人民群众是文化遗产的所有者、鉴赏者和传承者，文化遗产保护必须依靠人民群众，文化遗产保护成果也必须惠及社会，融入社会，为民造福。文化遗产是中华民族文化的结晶，也是中华民族多元一体文化格局的实物见证。弘扬社会主义先进文化，增强全民族文化创造活力，推动文化事业全面繁荣发展，这就是我们实现文化遗产价值的现实需要，也是我们要保护、弘扬文化遗产的根本目的。

通辽市文化遗产综述

闫洪森　胡春柏

通辽市作为内蒙古自治区十二盟市之一的行政区，下辖八个旗县（市），分别为：科尔沁区、霍林郭勒市、科尔沁左翼中旗、科尔沁左翼后旗、开鲁县、库伦旗、奈曼旗、扎鲁特旗。全市总区域面积近6万平方公里，境内居住着蒙、汉、满、回、朝鲜、达斡尔等32个民族，总人口约300万人。

一　通辽市自然环境概况

通辽市位于内蒙古自治区东部，西起东经119°14′，东至东经123°43′，南起北纬42°15′，北至北纬45°59′，南北最长约418公里，东西最宽约370公里。北邻兴安盟、西与锡林郭勒盟、赤峰市相接，南与辽宁省阜新市毗邻，东与吉林省四平市、松原市、白城市相连，属东北地区和华北地区的交汇处。

在全国自然地理分区上，通辽市大部分辖区属于内蒙古东部地区大兴安岭南部及西辽河平原、丘陵小区[1]。整体处于蒙古高原向辽河平原的过渡地带，区域地形地貌复杂多变。北部属大兴安岭南麓余脉山地丘陵，为高寒山区和浅山区。西部和南部处于辽西山地的边缘地带，为沙沼黄土丘陵和浅山区。东部和中部为西辽河、新开河和教来河冲积平原，也是著名的科尔沁沙地，边缘分布着固定、半固定沙沼。南、北两端低山连绵，境内河流交错。北部有大兴安岭余脉罕山，南部有燕山余脉阿其玛山、老道山和青龙山。河流有流经中部的西辽河诸水系，包括新开河、教来河、西辽河；西南部有养畜牧河、北部是小有名气的霍林河。

通辽地处松辽平原西端，科尔沁草原腹地，属中温带半干旱大陆性季风气候，春季干旱多风，夏季炎热、降水集中，秋季凉爽，冬季干冷。年平均气温6.2℃，年降水量350~450毫米。

二　通辽市历史简述

根据目前的考古发现和研究成果，可以把通辽地区最早的人类活动追溯到距今约8000~7000年左右的兴隆洼文化时期。2013年，由内蒙古自治区文物考古研究所主持发掘的库伦旗小奈林稿遗址和墓地，揭露出三座兴隆洼文化房址[2]。此外，一些学者通过地面调查等手段，在通辽市北部的扎鲁特旗[3]、中部的开鲁县[4]，以及南部的奈曼旗[5]都发现了兴隆洼文化分布的踪迹。大体与之同时的新乐下层文化，其分布北缘也到了科尔沁左翼后旗[6]。

继兴隆洼文化之后，分布在科尔沁沙地的考古学文化，目前被认识的主要有三支。一支是因坛庙冢等礼仪性建筑的发现和大批玉礼器的出土而久负盛名的红山文化。这支考古学文化越过其分布的核心地域向东、向北扩展，到达科尔沁沙地，在奈曼旗[7]、库伦旗[8]、开鲁县、科尔沁左翼中旗[9]、科尔沁左翼后旗[10]都能看到它的影响和流布。另一支是由于科尔沁左翼中旗哈民忙哈遗址的发掘而被学术界普遍认可的哈民遗存，其年代大约与红山文化晚期相当，根据目前已掌握的调查材料，此类遗存有着广阔的分布范围，其分布的北界至少可到兴安盟科尔沁右翼中旗一带[11]；第三支是见于通辽南部地区的赵宝沟文化遗存[12]。

扎鲁特旗的南宝力皋吐遗址和墓地代表了继红山文化和哈民遗存之后在科尔沁沙地发展起来的一支本土考古学文化[13]，其年代相当于距今约4500年左右的小河沿文化时期，同一类型的遗址还有经过正式发掘的扎鲁特旗昆都岭遗址[14]。

进入青铜时代，辽西山地的夏家店下层文化和辽中平原的高台山文化分别从西部和东南两个方向来到科尔沁沙地南部。以夹砂红陶小口高领壶、夹砂灰褐陶大口高领罐、夹砂红陶高足钵为主要随葬陶器的小奈林稿三期遗存甲类墓葬无疑是典型的高台山文化遗存，而与其仅一沟之隔的孤家子墓地随葬陶鬲却依稀可见鲜明的夏家店下层文化因素[15]。

春秋晚期至战国早期，库伦旗所在的科尔沁沙地南部成为东胡族的活动地域。近年来，有学者指出库伦旗胡金稿西区墓葬、通辽市喜伯营公社保安村墓地、原通辽县清河乡征集青铜饰件等三处遗存的文化内涵与井沟子西区墓地相近，可能为东胡的遗存[16]。战国时期，燕将秦开北逐东胡，科尔沁沙地中南部始为燕国所据，在这里设置辽西郡。

公元前223年，秦王嬴政派王贲率军进攻辽东，俘获燕王喜，燕国灭亡。秦在燕地设渔阳郡、右北平郡、辽西郡及辽东郡等，科尔沁沙地始纳入大秦帝国版图。不幸的是，庞大的秦王朝两世而亡。西汉初期，东胡遗部——乌桓、鲜卑同时兴起于北方草原，活跃在科尔沁草原上的是慕容鲜卑和宇文鲜卑。通辽地区科尔沁左翼中旗和开鲁县曾出土多件鲜卑金饰牌，这些鲜卑金饰牌不仅是北方游牧民族在科尔沁沙地活动的见证，更反映了鲜卑民族迁徙的历史足迹[17]。

隋唐时期，契丹人在水草丰美的科尔沁草原过着游牧生活。唐王朝设立"松漠都督府"管辖契丹诸地。科尔沁左翼后旗留存隋唐到辽时期契丹族的遗物、遗迹极为丰富。其中在满斗苏木白音塔拉嘎查西的流动沙丘上发现的一座盛唐时期契丹墓地[18]较有代表性。916年，契丹族首领耶律阿保机建国，通辽的大片地区归辽国管辖，道路纵横，城郭相望。扎鲁特旗、奈曼旗、库伦旗、科尔沁左翼后旗、科尔沁区都发现有辽代古城，城内出有辽代生产工具和生活用品。根据城址的规模、地理位置来看，这些辽城多属州县一级的城址。

12世纪初，女真族崛起，攻灭辽和北宋，建立了与南宋对峙的金王朝。通辽地区由金上京路临潢府及东北路招讨司、咸平路咸平府管辖。为防御北方蒙古诸部入侵，金王朝在此修筑南、北两道界壕，以限戎马。

13世纪初，蒙古大军攻灭金朝，通辽地区纳入蒙元王朝版图。1368年，元朝灭亡，顺帝北遁大漠，与明朝南北对峙，史称"北元"。当时包括通辽地区在内的广大地区，尽归"北元"统治。明王朝建立后，在西拉沐沦河流域设立了兀良哈三卫指挥司，归辽东都指挥使司管辖。"明初，徐达平沙漠，徙北平山后居民三万五千八百余户，散处诸府卫，籍为军者给衣服，民给田。又以沙漠遗民三万二千八百余户屯北平，置屯二百五十四，开地千三百四十三顷"。由于明初的多次北伐和明廷迁沙漠遗民充实北京，于是通辽地区一度出现人口稀少或空无人烟的局面。嘉靖年间，游牧于额尔古纳河流域尼布楚草原上的成吉思汗二弟哈萨尔后裔及其所属部——科尔沁蒙古族，东迁至嫩江流域和东、西辽河流域驻牧，从此这一带称之为科尔沁草原。

到了清代，为笼络能骑善射的蒙古科尔沁部，清统治者制定了"北不断亲"政策和"备指额驸"制度。在选蒙古贵族之女为皇后和妃子的同时，也把清皇室公主下嫁给蒙古王公。清朝国母孝庄文皇后，就来自科尔沁部。清朝还在蒙古诸部实行盟旗制度和王公制度，旗是蒙古地区基本的军事行政单位，合数旗而成盟，盟是旗的会盟组织，旗由世袭的札萨克统治，札萨克在自己领地内具有神圣不可侵犯的权力，这就是盟旗制度。清政府赐予札萨克及旗内其他贵族以不同的爵位，如亲王、郡王、贝勒、贝子、镇国公、辅国公等，这就是王公制度。在清朝设置内藩蒙古诸部的49旗中，科尔沁部统辖四部10旗，并会盟于西哲里木地方，便称之为"哲里木盟"。受中央政府理藩院管辖，间或也受地方将军、都统或大臣节制。

进入20世纪初，移民实边和开垦设置，使蒙旗行政制度发生了历史性的变革，到1912年为止，科尔沁草原上就设置了三府一州三厅12县。在军阀混战的北洋政府时期，东北盟旗受北京蒙藏院的领导，直接受奉系张作霖统治。民国时期，南京的蒙藏委员会是盟旗的上司机关，由沈阳的东北政务委员会直接统治。

1928年，奉天省政府决定开辽北荒，拟设辽北县，县府置舍伯吐；开西夹荒，拟设福源县，县府置架玛叶。1929年农历正月，奉天省政府派员开始丈量土地。旗民深悉此次出荒，旗民将无立锥之地、无后退之路。于是召开旗民大会，推举嘎达、舍楞尼玛等4人为首席请愿代表，7月初代表带领60名代表，携着万人签名的请愿"独贵龙"书，赴奉天向达王和辽宁省政府请愿停止出荒。请愿未果，1929年12月嘎达被迫走上了武装抗垦的道路。嘎达梅林组织的抗垦队伍打击垦荒军，赶走丈量土地的测量队，拔掉测量旗帜，毁掉地界牌子。起义军顿时名声大振，日益壮大，以最初的几十号人马发展到一千多人的抗垦武装队伍。由于嘎达梅林领导的抗垦斗争，致使西夹荒和辽北荒终未丈放成功。

伪满洲国时期（1932~1945年）哲里木盟先后改称兴安南分省、兴安南省、兴安南地区，分别隶属于兴安局、蒙政部、兴安总省。

1946年4月1日，在科尔沁左翼中旗的巴彦塔拉成立哲里木省政府，划归辽西行政公署领导。1946年6月1日，省政府迁至通辽，并更名为哲里木盟政府。盟政府下辖科尔沁左翼中旗、科尔沁左翼后旗、开鲁县、通辽县、库伦旗、奈曼旗。1948年，行政区划调整，科尔沁左翼前旗不复归哲里木盟管辖。1949年4月21日，东北行政委员会决定，哲里木盟划归内蒙古自治政府管辖。1953年3月，哲里木盟政府撤销，所属各旗县市直属内蒙古自治区东部区行政公署。1954年4月，恢复哲里木盟建制，成立哲里木盟人民政府，下辖通辽市、通辽县、开鲁县、科尔沁左翼中旗、科尔沁左翼后旗、奈曼旗、库伦旗、扎鲁特旗。后改成哲里木盟人民委员会，1958年4月，改成哲里木盟公署，作为内蒙古自治区人民委员会派出机构。1965年8月24日，呼伦贝尔盟的科尔沁右翼中旗划归哲里木盟。1968年1月，成立哲里木盟革命委员会。1969年7月，哲里木盟及所辖地区划归吉林省。1979年，重新划归内蒙古自治区管辖，成立哲里木盟行政公署。1980年7月，科尔沁右翼中旗划归兴安盟。1981年10月，成立哲里木盟霍林河办事处，1985年11月9日，国务院批准成立霍林郭勒市。1986~1997年，哲里木盟辖通辽市、霍林郭勒市、开鲁县、科尔沁左翼中旗，科尔沁左翼后旗、奈曼旗、扎鲁特旗、库伦旗。1999年1月，经国务院和内蒙古自治区政府批准，撤销哲里木盟建制，设立通辽市（为地级市），实行市管旗县区体制，所辖地域与原哲里木盟相同。

三　通辽市文物考古事业的发展

通辽地区的文物考古工作涉足较早，1928年由日本出版的《貔子窝》——东方考古学丛刊甲种第一册介绍了通辽市奈曼旗出土的早期青铜时代陶器。但是受国内时局和政治形势的影响，20世纪30到50年代，大概有三十余年间，通辽地区的文物考古工作一度陷于停滞状态。新中国成立后，尤其是进入60年代以后，随着文物部门的逐步完善和文物考古队伍的不断壮大，通辽地区的文物考古工作渐入佳境，取得了一批批丰硕的成果。根据该地区文物考古工作的发展历程和特点，可将60年代至今通辽地区的文物考古工作分为两个时段。

第一阶段：为20世纪60年代初至90年代末，这一时期的文物考古工作尚处于起步阶段。既有考古工作者为了解本地区历史文脉而进行的主动性考古调查，也有配合基本建设工程而进行的考古发掘工作。1964年夏，齐永贺先生考察科尔沁左翼中旗新艾力红山文化遗址是这个阶段考古活动之始[19]。1965年夏，在库伦旗木头营子村东南发现一座辽墓。1972年6至9月，吉林省博物馆、哲里木盟（今通辽市）文化局、库伦旗文化馆等单位，对库伦旗奈林稿乡前勿布力格村附近王坟梁一号辽墓进行了发掘[20]。1974年朱凤瀚先生对奈曼旗大沁他拉镇北沙丘中的五个地点进行了调查，并发表了调查简报[21]。1975年春，孙衷然先生在科尔沁左翼中旗玻璃桥发现了一处新石器时代遗址[22]。1975年5月，在通辽县角干公社乌斯吐村北一公里的半流动沙丘中，发现一座契丹火葬墓。1975年10月，在扎鲁特旗巴雅尔吐胡硕发现一处青铜器窖藏。同年，原哲里木盟博物馆（今通辽市博物馆）在科尔沁左翼后旗茂道吐苏木舍根村征集到一批北朝墓葬出土陶器[23]。同年，吉林大学考古系、吉林省考古研究所、吉林省博物馆，与新成立的哲里木盟博物馆共同组成了全盟文物普查队，对通辽市境内的不可移动文物开展了第一次全面调查，共发现文物点300余处。1976年，吉林省考古研究所对科尔沁左翼后旗韩州城遗址进行了试掘[24]；1977年，对科尔沁左翼后旗呼斯淖唐代晚期契丹墓葬进行了清理，出土双耳、扁身、平底马镫壶[25]。同年夏，在库伦旗扣河子镇后柜村发现一座元代墓葬[26]。1980年夏，原哲里木盟博物馆在科尔沁区清河镇保安村清理了一座战国时期青铜剑墓[27]。1980年6月至1981年9月，对库伦五号、六号辽代壁画墓进行考古发掘。1981年，为配合霍林河煤田开发，发掘了霍林郭勒市的1座金代边堡[28]。1982年5月，扎鲁特旗毛道苏木荷叶哈达嘎查东发现一座唐代契丹墓。1982年8月，科尔沁左翼中旗小努日木辽墓被盗，原哲里木盟博物馆对墓葬进行了清理，并收回部分流散文物[29]。1983年，在通辽市喜伯营子苏木西喜伯营子嘎查村北一公里的沙丘中发现一座唐代契丹墓葬[30]。同年，在开鲁县三义井乡先后发现两处元代瓷器窖藏[31]；1984年4月，科尔沁左翼中旗希伯花苏木六家子嘎查一处古墓群遭风蚀破坏，随葬品暴露于外，哲里木盟博物馆闻讯后派员调查，征集了大批出土遗物[32]。1986年，内蒙古自治区文物考古研究所主持发掘的奈曼旗陈国公主与驸马合葬墓，是迄今为止发现的保存最为完整、出土遗物最为丰富的辽代贵族墓葬。该墓未经盗扰，出土文物近2000件，其中的公主与驸马金面具、鎏金银冠、琥珀璎珞、刻花高颈玻璃瓶、乳钉纹高颈玻璃瓶等堪称是契丹文物的精品[33]。1987年3月，科尔沁左翼后旗甘旗卡镇西南约30公里的满斗苏木白音塔拉嘎查村西流动沙丘中发现一处盛唐时期的契丹墓地[34]。1988年5月，原哲里木盟博物馆郝维彬、开鲁县文物管理所秦保华，于库伦旗三道洼苏木南泡子崖村发现了一处夏家店下层文化遗址，并对该遗址进行了初步调查和出土文物的征集工作[35]。在这一年，通辽市开展了第二次全国文物普查，共发现古文化遗迹1000余处。1989年5月，文化部古文献研究室"中国北方沙漠化与人类社会"课题组赴哲里木盟（今通辽市）进行沙漠考古调查，在科尔沁左翼后旗甘旗卡镇新胜屯发现一处鲜卑墓地[36]。1990年10月，为配合集通铁路开工，原哲里木盟博物馆对半截店牧场辽代火葬墓进行了发掘清理[37]。1999年6至9月，辽金考古联合队对扎鲁特旗浩特花辽代墓地进行了考古发掘[38]。

第二阶段：21世纪初期即2000年至今，这一时期的文物考古工作处于发展壮大阶段。其特点是工作的目的性显著增强。一是围绕着建立科尔沁沙地新石器时代考古学文化发展序列这个宗旨，内蒙古自治区文物考古研究所做了大量的工作。2006至2008年，内蒙古自治区文物考古所主持对扎鲁特旗南宝力皋吐墓地进行抢救性发掘，累计揭露面积1万余平方米，清理墓葬395座，出土各类精美随葬品1500余件[39]。2008年，内蒙古自治区文物考古研究所主持对昆都岭墓地进行抢救性发掘，揭露面积近4000平方米，清理出与南宝力皋吐墓地文化内涵相同的墓葬178座，灰坑13个，出土遗物900余件[40]。2009年，内蒙古自治区文物考古研究所对库伦旗四家子红山文化祭祀遗址进行了发掘。2010年，对扎鲁特旗道老杜粮库遗址进行了抢救性发掘，揭露面积1000平方米，清理房址7座、灰坑15个[41]。同年，对哈图他拉遗址进行抢救性的发掘，揭露面积1000平方米，出土石器、陶器等遗物百余件[42]。2010年至今，内蒙古自治区文物考古研究所对科尔沁左翼中旗哈民忙哈遗址进行了连续性大规模的考古发掘，已揭露面积近8000平方米，清理房址60余座，出土了大量精美的玉器、丰富的陶器和骨蚌器。几乎与此同时，一些高等院校的科研机构也把关注的目光投向了科尔沁沙地。2009年7月，吉林大学边疆考古研究中心"科尔沁沙地汉以前考古课题组"对扎鲁特旗荷叶花遗址、科尔沁左翼中旗敖恩套布、西固伦茫哈、白菜营子等遗址进行了考古调查[43]。 2010年7月，吉林大学边疆考古研究中心与北京科技大学冶金史所联合组成调查队，会同开鲁县文物管理所对开鲁县小泡子遗址进行了调查。2011年5月，内蒙古文物考古研究所、吉林大学边疆考古研究中心对科尔沁左翼后旗阿仁艾勒遗址进行了调查。二是由国家文物局统一安排布置，以全面掌握各行政区域不可移动文物的数量、分布和现存状况等为目的开展了第三次全国文物普查、以掌握区域内历代长城资源的分布和现存状况为目的开展了长城资源调查。在长城资源调查工作中，通辽全境共调查长城近百公里、金界壕百余公里，烽火台、城障、边堡、马面等单体建筑和相关遗存200余处。此外，配合基本建设的文物考古工作继续开展，其中不乏有突出意义的重大考古发现。2003年吐尔基山辽墓的发掘是其中最重要的一项，该墓出土了精美的彩绘木棺、大量的金器、银器、铜器、漆器、木器、马具、玻璃器和丝织品[44]，因此被评为2003年全国十大考古新发现。2007年，内蒙古文物考古研究所对扎鲁特旗南宝力皋吐鲜卑墓地进行了抢救性发掘[45]、对扎鲁特旗道老杜苏木达米花村周围的几个遗址点进行了考古调查[46]。2009年，为配合巴新铁路建设对奈曼旗东梁遗址进行了抢救性发掘[47]；为配合长春—深圳公路的建设，对科尔沁左翼后旗伊和浩坦塔拉遗址进行了发掘[48]。2013年，为配合库伦——平安地一级公路的改扩建工程，内蒙古文物考古研究所主持发掘了库伦旗小奈林稿和孤家了两处青铜时代早期的遗址和墓地。

四　通辽市文化遗产及其突出普遍价值

在2007年至2012年的第三次全国文物普查中，通辽市共调查登记不可移动文物2492处，其中新发现1871处。目前，通辽市现有全国重点文物保护单位14处（包含20

个文物点），自治区级文物保护单位17处、市级文物保护单位82处、旗县级文物保护单位135处。

　　这些文物是几千年来的人类活动给通辽地区留下的一笔宝贵而丰厚的物质文化遗产。随着文物考古工作的不断深入，这座深埋于美丽科尔沁草原之下的巨大宝库渐渐洗尽铅华，重现于世，一处处文物古迹所蕴含的文化遗产璀璨夺目，争奇斗妍。1986年被评为全国考古十大新发现的陈国公主与驸马合葬墓、2003年被评为全国考古十大新发现的吐尔基山辽墓，均以其出土的无数奇珍异宝让世人铭记于心。先后荣获2007年"中国社会科学院考古学论坛"六大考古新发现和"2007～2008年度中国田野考古三等奖"两大殊荣的南宝力皋吐墓地以其独特而又兼容并蓄的文化面貌展现了科尔沁文明的厚重和豁达。被评为"2011年度全国十大考古新发现"的哈民遗址不仅以其别具一格的麻点纹陶器组合博得了学术界的普遍认可，经考古工作者小心翼翼之手剥离出来的保存近乎完好的房顶木质结构、触目惊心的丧葬场景、丰富的随葬玉礼器一次又一次震惊了学术界。这些重大的考古发现曾带给通辽人民莫大的喜悦、鼓舞和自豪，也一点一滴地编织着我们的文化强区之梦、承载着通辽各族人民对悠悠草原文明史的无限骄傲。

注释

[1]　任美锷主编：《中国自然地理纲要》，商务印书馆，2009 年，第 323 页。

[2]　内蒙古自治区文物考古研究所：《内蒙古库伦旗小奈林稿遗址和墓地》，待刊。

[3]　朱永刚、朱秀娟：《扎鲁特旗荷叶花遗址调查》，《内蒙古文物考古文集（第四辑）》，科学出版社，2013 年。

[4]　刘丹、马海、王立新、石杰：《内蒙古开鲁县小泡子遗址的调查与初步认识》，《边疆考古研究》2013 年第 2 期。

[5]　朱凤瀚：《吉林奈曼旗大沁他拉新石器时代遗址调查》，《考古》1983 年第 3 期；朱永刚、王立新：《大沁他拉陶器再认识》，内蒙古自治区文物考古研究所编《内蒙古文物考古集（第一辑）》，中国大百科全书出版社，1994 年。

[6]　内蒙古自治区文物考古研究、吉林大学边疆考古研究中心：《科尔沁左翼后旗阿仁艾勒遗址调查与遗存试析》，《草原文物》2011 年第 1 期。

[7]　朱凤瀚：《吉林奈曼旗大沁他拉新石器时代遗址调查》，《考古》1983 年第 3 期。

[8]　张昊文：《2009 年我区文物考古 10 大发现》，《内蒙古晨报》2009 年 12 月 30 日。

[9]　齐永贺：《内蒙古哲盟科尔沁左翼中旗新艾力的新石器时代遗址》，《考古》1965 年第 5 期。

[10]　段一平等：《科尔沁左翼后旗考古调查概述》，《内蒙古民族师范学院院刊》1981 年第 2 期。

[11] 根据兴安盟科右中旗白音套海遗址调查收获，材料尚未发表。

[12] 朱永刚、王立新：《大沁他拉陶器再认识》，内蒙古自治区文物考古研究所编《内蒙古
      文物考古文集（第一辑）》，中国大百科全书出版社，1994 年；内蒙古自治区文物考
      古研究所、吉林大学边疆考古研究中心：《科尔沁左翼后旗阿仁艾勒遗址调查与遗存
      试析》，《草原文物》2011 年第 1 期。

[13] 内蒙古自治区文物考古研究所、扎鲁特旗人民政府：《科尔沁文明——南宝力皋吐墓
      地》，文物出版社，2010 年。

[14] 塔拉、张亚强：《内蒙古昆都岭遗址发掘取得重要收获》，《中国文物报》，2008 年 11
      月 26 日。

[15] 内蒙古自治区文物考古研究所：《内蒙古库伦旗孤家子遗址和墓地》，待刊。

[16] 王立新：《关于东胡遗存的考古学新探索》，《草原文物》2012 年第 2 期。

[17] 塔娜：《内蒙古通辽地区出土的鲜卑金饰牌及其历史文化蕴涵》，《中央民族大学学报
      （哲学社会科学版）》2006 年第 2 期。

[18] 贲鹤龄：《科左后旗白音塔拉契丹墓葬》，《内蒙古文物考古》2002 年第 2 期。

[19] 齐永贺：《内蒙古哲盟科尔沁左翼中旗新艾力的新石器时代遗址》，《考古》1965 年第
      5 期。

[20] 陈相伟 王健群：《吉林哲里木盟库伦旗一号辽墓发掘简报》，《文物》1973 年第 8 期。

[21] 朱凤瀚：《吉林奈曼旗大沁他拉新石器时代遗址调查》，《考古》1983 年第 3 期。

[22] 孙衷然：《内蒙古科尔沁左翼中旗玻璃山新石器时代遗址调查》，《北方文物》1998 年
      第 4 期。

[23] 张柏忠：《哲里木盟发现的鲜卑遗存》，《文物》1981 年第 2 期。

[24] 段一平：《韩州四治三迁考》，《社会科学战线》1980 年第 2 期。

[25] 张柏忠：《科左后旗呼斯淖契丹墓》，《文物》1983 年第 9 期。

[26] 于宝东：《内蒙古库伦旗后柜金元时期墓葬》，《北方文物》1992 年第 2 期。

[27] 候丽敏：《通辽市发现的青铜剑墓》，《哲里木文物通讯》1982 年。

[28] 哲里木盟博物馆：《内蒙古霍林河矿区金代界壕边堡发掘报告》，《考古》1984 年第
      2 期。

[29] 武亚芹、王瑞青：《内蒙古科尔沁左翼中旗小努日木辽墓》，《北方文物》2000 年第 3 期。

[30] 哲里木盟博物馆：《内蒙古哲里木盟发现的几座契丹墓》，《考古》1984 年第 2 期。

[31] 王瑞青：《哲盟开鲁县三义井乡元代窖藏瓷器》，《哲盟博物馆馆刊》1990 年。

[32] 张柏忠：《内蒙古科尔沁左翼中旗六家子鲜卑墓群》，《考古》1989 年第 5 期。

[33] 孙建华、张郁：《辽陈国公主驸马合葬墓发掘简报》，《文物》1987 年第 11 期；
      孙建华、杨星宇：《大辽公主——陈国公主墓发掘纪实》，内蒙古大学出版社，
      2008 年。

[34] 贲鹤龄：《科左后旗白音塔拉契丹墓葬》，《内蒙古文物考古》2002 年第 2 期。

[35] 郝维彬：《内蒙古库伦旗南泡子崖夏家店下层文化遗址调查简报》，《北方文物》1996

年第 3 期。

[36] 田立坤：《科左后旗新胜屯鲜卑墓地调查》，《文物》1997 年第 11 期。

[37] 郝维彬：《内蒙古通辽市半截店辽代火葬墓群》，《考古》1994 年第 11 期。

[38] 中国社会科学院考古研究所内蒙古工作队：《内蒙古扎鲁特旗浩特花辽代壁画墓》，《考古》2003 年第 1 期。

[39] 内蒙古自治区文物考古研究所、扎鲁特旗人民政府：《科尔沁文明——南宝力皋吐墓地》，文物出版社，2010 年。

[40] 塔拉、张亚强：《内蒙古昆都岭遗址发掘取得重要收获》，《中国文物报》2008 年 11 月 26 日。

[41] 内蒙古自治区文物考古研究所：《通辽市扎鲁特旗道老杜粮库遗址发掘简报》，《内蒙古文物考古文集（第四辑）》，科学出版社，2013 年。

[42] 江岩：《通辽市库伦旗哈图他拉遗址》，《内蒙古文物考古年报》（内部资料），2010 年。

[43] 朱永刚、朱秀娟：《扎鲁特旗荷叶花遗址调查》，《内蒙古文物考古文集（第四辑）》，科学出版社，2013 年。

[44] 内蒙古自治区文物研究考古所：《内蒙古通辽市吐尔基山辽代墓葬》，《考古》2004 年第 7 期。

[45] 内蒙古自治区文物考古研究所、通辽民族博物馆：《内蒙古南宝力皋吐鲜卑墓地发掘简报》，《华夏考古》2010 年第 2 期。

[46] 内蒙古自治区文物考古研究所、扎鲁特旗文物管理所：《扎鲁特旗达米花鲜卑遗址调查报告》，《内蒙古文物考古》2009 年第 1 期。

[47] 内蒙古自治区文物考古研究所、奈曼旗王府博物馆：《通辽市奈曼旗东梁遗址发掘简报》，《内蒙古文物考古文集（第四辑）》，科学出版社，2013 年。

[48] 内蒙古自治区文物考古研究所：《通辽市科左后旗伊和浩坦塔拉遗址发掘简报》，《内蒙古文物考古文集（第四辑）》，科学出版社，2013 年。

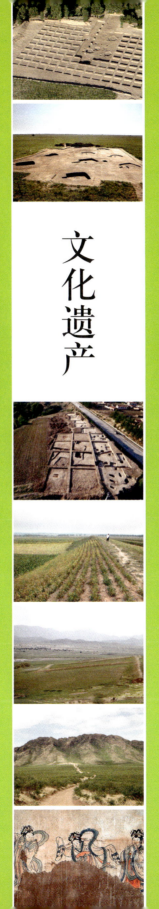

文化遗产

文化遗产 目录

新石器时代

　　迄今为止，通辽地区已经发现的新石器时代考古学文化有：兴隆洼文化、赵宝沟文化、新乐文化、红山文化、哈民文化、南宝文化等。扎鲁特旗荷叶花遗址、科尔沁左翼后旗阿仁艾勒遗址、开鲁县小泡子遗址的发现表明，通辽地区的史前文化最早可以追溯到8000年前的兴隆洼文化，兴隆洼文化是通辽市境内发现的已知最早的人类活动印记。科尔沁左翼后旗阿仁艾勒遗址包含有赵宝沟文化、新乐文化以及红山文化的遗存。科尔沁左翼中旗新艾力遗址、库伦旗四家子遗址等是较为单纯的红山文化遗址。科尔沁左翼中旗哈民遗址丰富的遗迹和遗物为科尔沁地区的新石器时代考古填补了一项空白，基本可以确认为是一支相当于中原仰韶文化晚期的新考古学文化。扎鲁特旗南宝力皋吐古墓地的发现极有可能成为通辽地区继"兴隆洼文化"、"赵宝沟文化"、"新乐文化"、"红山文化"和"小河沿文化"之后我们正在认识和甄别的又一个新的考古学文化。通辽地区发现和发掘的新石器时代遗存有聚落遗址和墓葬遗址两大类。本单元收录的各类遗址有13处，其中扎鲁特旗3处，分别是南乌呼锦遗址、南宝力皋吐墓地、昆都岭墓群；科尔沁左翼后旗2处，分别是阿仁艾勒遗址、乌兰图来遗址群；科尔沁左翼中旗5处，分别是西固伦茫哈遗址、奥恩套布遗址、哈民聚落遗址、车家子遗址、英格勒遗址；库伦旗2处，分别是四家子遗址、哈图他拉遗址；开鲁县1处，小泡子遗址。

▥ 1 ▥ 科尔沁左翼后旗阿仁艾勒遗址

撰稿：闫洪森
摄影：刘伟臣

通辽市重点文物保护单位。

位于科尔沁左翼后旗阿古拉镇，西南距科尔沁左翼后旗政府所在地甘旗卡镇40公里，西北距阿古拉镇约13公里。阿仁艾勒遗址（艾勒是蒙语，意为沙岗子）在营子（村）西不足500米处，坐落于一沙土岗子上。岗子东南地势较周边略高，形成陡直的土坎，剖面显示为黑色腐殖土，含少量陶片和细小的骨头蚌壳等遗物。其余三面地势呈漫坡状，地表略有起伏。

阿仁艾勒遗址是2007年当地村民发现，之后科尔沁左翼后旗博物馆派员调查，并采集到完整陶器和石器。2011年5月，内蒙古自治区文物考古研究所、吉

遗址全景

地表标本

林大学边疆考古研究中心在科尔沁左翼后旗博物馆有关人员陪同下，再次对阿仁艾勒遗址进行调查。遗址地表采集到的陶器以夹砂黄褐陶为主。陶质分为夹砂、泥质两类，泥质陶胎壁较薄，陶色均为黑灰色；夹砂陶质地稍粗，陶色有黄褐、红褐和灰褐色，内壁经打磨，呈黑灰色，烧制火候不高。纹饰有压印之字纹，压划平行直线纹、几何纹、网格纹、席纹、戳印篦点纹、窝点纹等。可辨认的器形有筒形罐、盆、钵等，石器有斧、锛、耜、磨盘、磨棒、细石叶、石核等。

阿仁艾勒遗址采集各类遗物分析认为，其中含有兴隆洼文化、赵宝沟文化、新乐文化、红山文化等不同时期的新石器时代考古学文化。该遗址几种史前遗存的发现，为重新认识周边文化分布格局及与本地区文化的关系提供了有价值的线索。该遗址属科尔沁左翼后旗第三次全国文物普查发现。

陶片标本

2 开鲁县小泡子遗址

撰稿：闫洪森
摄影：刘伟臣

通辽市重点文物保护单位。

位于开鲁县塔拉干水库管理处小泡子村西北约1公里，东南距开鲁镇（县政府所在地）约20公里。遗址地处小泡子水库北沿与新开河南岸的一处漫岗之上，地势较为平坦。因过度的开垦和常年干旱，遗址地表沙化严重。遗址地表散落有陶片、石器、人骨、蚌壳、兽骨等遗物，其分布范围约南北150、东西200米，总面积三万平方米。遗址中部可见几处灰土迹象，地表采集遗物有陶器、玉、石器等。

小泡子遗址是开鲁县文物管理所于2008年4月在第三次全国文物普查中发现的一处重要遗址。2009年秋，开鲁县文物管理所从小泡子村住户家里征集到该遗址出土的6件玉器和1枚石珠，这7件玉、石器均为当地村民在遗址上翻土时发现，小泡子遗址所出玉、石器可分为工具和装饰品两类。2010年7月初，吉林大学边疆考古研究中心与北京科技大学冶金史所联合组成调查队，与开鲁县文管所工作人员一同对该遗址进行了复查。

根据遗址地表采集陶片的器形、陶质、陶色、纹饰等方面的分析认为，可将小泡子遗址采集遗物归纳为五种考古学文化。第一种以夹砂黄褐陶为主，有少量的夹砂灰黑陶。主要有"之"字纹、附加堆纹、"人"字纹、斜向平行线纹，短斜线

遗址局部

出土的石器

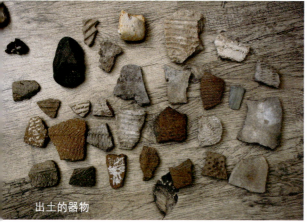
出土的器物

出土的玉器

出土的玉器

交叉纹、弦纹、网格纹等，多见由不同纹样组成的复合纹饰，有的纹饰呈三段式布局，这类遗存当为兴隆洼文化中晚期遗存；第二种均为夹蚌砂质灰褐陶，胎土中所含砂粒不甚均匀，所见纹饰主要为附加堆纹，这类遗存当为赵宝沟文化晚期遗存；第三类均夹砂灰黑陶，纹饰有细线"之"字纹及篦点纹构成的几何纹等，这一类遗存应当是红山文化遗存；第四类主要为夹砂黄褐陶或灰褐陶。纹饰见有刻划纹和麻点纹，个别陶片表面有红彩，这应该是最近发现的哈民文化遗存；第五类主要包括夹砂红褐陶和泥质灰陶。纹饰有方格纹、篦齿纹、附加堆纹，这明显是北朝至辽代早期文化遗存。至于在小泡子遗址征集到的七件玉、石器，由于缺乏地层依据和共生器物，很难准确地判断其年代及文化属性。内蒙古东部地区包含有玉器的新石器时代文化主要是兴隆洼文化、红山文化和哈民文化，这三种文化或年代相当的遗存在小泡子遗址中均有发现。

小泡子遗址征集的玉璧应为哈民文化遗物。小泡子遗址征集的白石珠，有自两侧斜钻而成的牛鼻状穿孔，这种钻孔方式不见于兴隆洼文化，而在红山文化、哈民文化的玉、石器中则多有发现，也应属于哈民文化。

小泡子遗址的文化内涵十分丰富，是一处包涵多种文化遗存的重要遗址。已有迹象显示，该遗址正是地处辽西文化区与松嫩平原西部文化区之间的交界地带，所以在新石器时代既有典型的辽西区古文化的特点，又有松嫩平原西部文化区的因素，为探讨相关各类考古学文化的分布范围及相互关系提供了重要的资料。

⫿⫿⫿ 3 ⫿⫿⫿ 科尔沁左翼中旗西固伦茫哈遗址 ——

撰稿：闫洪森
摄影：刘伟臣

位于科尔沁左翼中旗架玛吐镇西固仁茫哈嘎查（西固伦茫哈）西南约3公里，西北距宝龙山镇22公里，东北距科左翼中旗保康镇33.5公里，南部直线距新开河约7公里。遗址坐落的沙岗呈狭长的半弧形，周围皆沼泽和大小错落的沙佗子，地貌属沱沼型。遗址北部为慢坡，南侧形成圆弧形陡坎。在自然力的强烈作用下，地表植被稀疏，土壤沙化严重，现场观察未见明显的遗迹现象，但个别地段剖面暴露有很薄的黑灰土堆积层，厚约0.1～0.3米。遗址地表陶片密集散布，零星夹杂有石器、兽骨、蚌壳等，其范围东西长约150、南北宽近100米，总面积一万余平方米。

西固伦茫哈遗址采集遗物有石器和陶器残片。石器有石铲，石叶，刮削器等。采集陶器残片较多。第一类，夹砂红褐

遗址南侧

陶、夹砂黄褐陶，纹饰仅见"之"字纹。第二类，夹砂红褐陶，纹饰不多，见有"之"字纹和戳印纹；第三类，夹砂红褐陶和黄褐陶，陶胎夹砂颗粒清晰可见，有少量的泥质陶。器形薄厚均匀，烧制火候较高。纹饰陶片以"之"字纹为主，麻点纹数量较"之"字纹的少，可辨器形有筒形罐、双耳罐、钵等；第四类，夹砂陶，器表多呈黄褐色，灰褐陶占一定比例。陶质较硬，烧制火候高。纹饰有两种，一种是拍印绳纹，另一种堆塑或贴附的条形堆纹和附加堆纹。从施纹技法看，系细泥条直接贴附于器表，然后用模具压抹修整而成。

西固伦茫哈遗址采集遗物文化因素复杂，包含了不同性质的文化遗存。根据采集到的文物标本特点，初步认定西固伦茫哈遗址相包涵兴隆洼文化晚期遗存、红山文化遗存、哈民文化遗存以及南宝力皋吐文化类型遗存，还有目前尚未认知的文化因素。

西固伦茫哈遗址由科尔沁左翼中旗文管所在考古调查中发现，第三次全国文物普查的2009年4月又复查了这处遗址。吉林大学边疆考古研究中心承担的项目"科尔沁沙地及其周邻地区汉以前考古学文化的综合研究"课题组，在2009年7月对科尔沁左翼中旗西固伦茫哈遗址进行复查。

西固伦茫哈遗址的发现对多个考古学文化共存的研究具有积极意义，为了解当时的生产、生活情况提供佐证。

遗址采集的陶片

地表遗迹

4 科尔沁左翼中旗奥恩套布遗址

撰稿：包香玉
摄影：包香玉

通辽市重点文物保护单位。

位于科尔沁左翼中旗腰林毛都镇东北12公里，奥恩套布嘎查西南2.5公里，地处新开河与三八水库之间。遗址坐落于黑沙土上，周围是大片的沼泽，属沱沼型地貌。受风力剥蚀和雨水冲刷，遗址被纵横沟壑切割，形成大大小小的沙垛和大坑，地势起伏很大，多数原始地面已无存，但部分地段剖面仍保留含兽骨和陶片的黑土堆积，厚0.2~0.5米。

现场观察遗迹现象不明显，地表散布的陶片、兽骨和蚌壳较多，石器少见。分布范围东西长近200、南北宽约150米，总面积达两万多平方米。

采集遗物有石器和陶片。石器有石锛、磨盘、磨棒、石叶等。陶器残片以分为几类，一类以夹砂红褐陶为主，另有少量的砂质黄褐陶。陶器烧制火候不高，内壁呈黑灰色，并大多经打磨处理。纹饰有"之"字纹、线形压划或刻划纹、扭曲

遗址局部

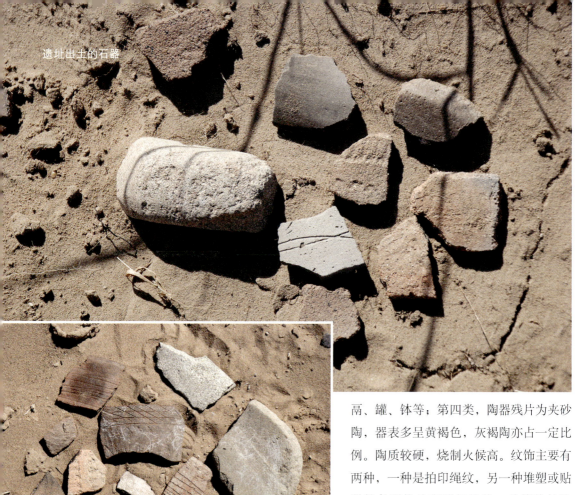

遗址出土的石器

地表遗物

纹、席纹、戳印纹。从器口沿和器底分析，器形主要是筒形罐；另一类以夹砂红褐陶和黄褐陶为主的陶片，有少量的泥质陶。夹砂红褐陶的陶片硬，火候较高。纹饰主要有"之"字纹和窝点纹，素面陶器表多磨光，内壁呈黑灰色。可辨认器形有筒形罐、斜口罐和钵；第三类陶器残片以夹砂黄褐陶为主，也有少量的夹砂灰褐陶。陶胎较厚，烧制火候较高，但有的器表色泽不均匀。有纹饰陶多于素面陶，纹饰陶片以绳纹为主，其他还有珍珠纹、指甲纹、戳印纹、附加堆纹等。可辨器形有

鬲、罐、钵等；第四类，陶器残片为夹砂陶，器表多呈黄褐色，灰褐陶亦占一定比例。陶质较硬，烧制火候高。纹饰主要有两种，一种是拍印绳纹，另一种堆塑或贴附的条形堆纹和附加堆纹。从施纹技法看，是细泥条直接贴附于器表，然后用模具压抹修整而成。

奥恩套布遗址采集遗物文化因素复杂，包含了不同因素的文化遗存。由于没有共存单位和层位关系，该类遗存的年代，根据采集到的标本特点，初步认定奥恩套布遗址相当于兴隆洼文化晚期、红山文化以及哈民文化，个别遗存的文化性质还有可能与南宝力皋吐文化类型相同。另外还有目前尚未认知的文化因素。

奥恩套布遗址由科尔沁左翼中旗文物管理所调查发现，后复查多次。遗址的发现，对通辽市地区的历史文化分期和研究该地区生产、生活等方面均提供了极有价值的实物资料。

5 库伦旗四家子遗址

撰稿：闫洪森
摄影：刘伟臣

位于库伦旗扣河子镇西北约15公里，扣河子镇四家子村北约50米处的农田当中。遗址北侧为小山冈，南侧500米为辽代灵安州古城遗址。

四家子遗址是一个平缓的丘状台地，平面略呈长方形，在台地的顶部堆积成一不规则的方形阶梯状小高台，高台南半部有6至7个祭祀坑，坑内似有规律填埋大量泥质红陶筒形器残片和片状石片。台地总面积近2000平方米，发掘揭露面积为1200平方米，清理出大小、形状和深浅各异的含大量筒形器碎片及石片的穴坑5个，出土筒形器残片和片状石片、石块等数千件，未见其他遗物。专家判断其为先民们寄托愿望和埋藏"神秘"的祭祀坑。发掘迹象表明，四家子遗址是一处红山文化祭

遗址全景

遗址地表陶片

标本

辽地区属红山文化的东北部区域，越往南部其遗址越密集。库伦旗位于内蒙古自治区通辽市的西南部，养畜牧河自西向东横贯旗内中部。旗内南部养畜牧河至厚很河之间的区域属于辽西山地向东嵌入科尔沁沙地中的一带浅山丘陵，有较厚的黄土发育，是旗内古代遗址分布比较密集的区域。四家子遗址的发现和发掘表明，通辽市库伦旗养畜牧河沿岸曾经是红山文化发育十分丰厚的区域，对于研究科尔沁沙地南缘的史前文化具有积极的意义。

四家子遗址是库伦旗第三次全国文物普查时发现。2009年7月，内蒙古自治区文物考古研究所配合巴新铁路建设时发掘了该遗址。

祀遗存，其遗迹现象、出土遗物与辽宁省牛河梁女神庙东坡筒形器群遗存有诸多相似之处，这类如此完整的红山文化晚期祭祀遗存，在内蒙古地区还是首次发现。

从红山文化遗址的分布范围来看，通

‖‖‖ 6 ‖‖‖ 库伦旗哈图他拉遗址 —————

撰稿：闫洪森
摄影：杨卫东

位于库伦旗库伦镇哈图他拉村东北1公里，铁路沿遗址中部穿过。遗址位于南流的养畜牧河西岸二级台地，面积达数万平方米；地表散见大量陶器残片及石器残块，主要有之字纹陶器残片，大量石刀、石斧、石饼、石磨棒等残块。

哈图他拉遗址是2010年4月至6月，因甘（旗卡）—库（伦）铁路建设，内蒙古自治区文物考古研究所会同库伦旗文物管理所对哈图他拉遗址进行了抢救性发掘。哈图他拉遗址此次发掘在遗迹分布较集中的区域，揭露面积1000平方米。发掘共清理灰坑19个。大部分为圆形，直壁平底，直径一般在0.7~1.8米、深0.25~0.3米；个别为椭圆形，一般长1.1~2米、宽0.5~0.9米、深0.2~0.5米，未见其他遗迹现象。灰坑内出土陶钵、双耳罐、筒形罐、陶壶、堆纹罐等残片，其中口沿残片较多。总计出土遗物近百件，其中残坏陶器20余件，各种石器100余件。

哈图他拉遗址发掘表明，通辽市库伦旗养畜牧河沿岸曾经是红山文化发育十分丰厚的区域；三袋足器以及横扳耳的发现，证明这里同样分布有夏家店下层和夏家店上层文化，这对于研究科尔沁沙地南缘的史前文化具有积极的意义。

考古发掘现场

出土器物

7 科尔沁左翼中旗哈民聚落遗址

撰稿：吉平　闫洪森

摄影：吉平

通辽市重点文物保护单位。

位于科尔沁左翼中旗舍伯吐镇东南约15公里，南距通辽市区40公里。这里南望西辽河，北靠新开河，是大兴安岭东南边缘，松辽平原西端，科尔沁草原的腹地。遗址在一片相对低洼平坦的林网带北部，被掩埋在一米厚的风积沙层下面，总面积达17万平方米。2010至2013年，经国家文物局批准，内蒙古自治区文物考古研究所对哈民遗址进行了大面积有计划的考古发掘工作。经过四年的发掘工作，清理出土一批极有视觉冲击力的遗迹单位，出土了大量珍贵遗物，特别重要的是在十几座房屋中发现了完整的房屋顶部木质结构，再现了新石器时代半地穴式房屋的构筑框架，这在全国来讲尚属首次，此外，在一些房址内还发现凌乱堆弃的大量人骨遗骸，有一座房址内甚至多达97具人骨遗骸，这一切反映了聚落内部瞬间发生的罹难场景的真实记录，这对于进一步研究新石器时代当地原始居民的社会结构、政治关系以及生活方式提供了极为重要的实物资料，具有重大的研究价值和展示意义。

经考古发现，哈民遗址房屋居址平面成排或成组分布，一般呈东北—西南

哈民遗址探方示意图

考古挖掘现场

走向，门道朝向一致，为东南方向，排列比较整齐。房址都是半地穴式，平面呈"凸"字形，有长方形门道和圆形灶坑。面积多在10～40平方米不等。穴壁存高0.1～0.9米。门道多呈长方形，门向集中在130°至140°之间。灶坑位于居室中部偏南，平面多为圆形，斜壁平底，内部包含大量的灰烬和兽骨渣。居住面及四壁多经过烧烤，呈红褐色，居住面局部发现柱洞。居住面上普遍散布有遗物，包括生活用具、生产工具以及装饰品等。生活用具多为陶制品，如罐、壶、盆、钵等盛储器，生产工具一般常见有石制品，如磨盘、磨棒、斧、锛、凿、杵、锄及球等实用器。装饰品多见骨、蚌器和玉器。

　　远古时代的社会形态及其制度，是可以通过一些物质遗存的形式反映出来，作为灵魂归宿，古人的墓葬通常可以理解为现实社会的缩影。墓葬的分部与布局、墓葬的排列与走向等，与这些对应的可以是家族或家庭的一些构成情况。哈民遗址发现的墓葬有13座，散布于房址之间，除3号墓葬发现于11号房址内，其他墓葬都有墓圹。

　　古人用于储藏的窖穴、取土形成的坑穴或填埋垃圾的坑洞等，废弃后我们称之为"灰坑"。灰坑内包含的遗物，往往被我们用于解释古代人类活动最直接、最有说服力的"物证"。哈民遗址清理出土的灰坑较少，其平面形状呈圆形、椭圆形、圆角方形和不规则形。坑体多为平底和圜底。灰坑内出土遗物较少，仅见陶片、动物骨骼和蚌壳等。

　　用墙围裹起来的人类居址，我们叫"城"，用壕沟围裹起来的人类居址

我们叫它"聚落"。哈民遗址就是用壕沟围裹起来的聚落遗址，环壕就是封闭起来的壕沟。世界范围内，城大约出现在距今5000年前，壕沟或环壕则出现于9000年前，其功能就是防御。经过钻探结合打探沟等方法初步确定了哈民遗址北区的环壕走势和形状。哈民遗址北区环壕为东西长350、南北宽270米，呈椭圆形封闭状的聚落环壕。壕沟内填土为疏松的黑褐色花斑土，包含少量陶片、

动物骨骼、蚌壳及人骨等。

哈民遗址出土的陶器最主要的器形有以麻点纹为特色的筒形罐、壶、钵、盆等，多数成组出现。此外还有少量的丫形器、陶饼、彩陶片等。陶质绝大多数为砂质陶，还有少量的泥质陶和夹砂陶。泥质陶和夹砂陶的发现数量较少，皆为陶器残片，陶质坚硬。此外，泥质红陶还见有少量的彩陶片，所见纹饰有横向条形黑彩纹和弧线对顶三角黑彩纹。

哈民遗址发现的石器多为石质工具。制法以琢制和磨制为主。器类有磨盘、磨棒、饼、斧、锛、凿、砍砸器、环状器、杵、镞、叶等。从石器的岩性看，主要有石英石、石英砂岩、鞍山岩、硅质灰岩、燧石、玛瑙、玉料等。根据生产工具的组合关系看，哈民遗址的先民们，应该从事以农耕为主，兼具有捕捞和狩猎辅助的经济模式。

骨、角、蚌器除了用于生产工具，多

哈民遗址临时保护设施

发掘区

17号房址
F17

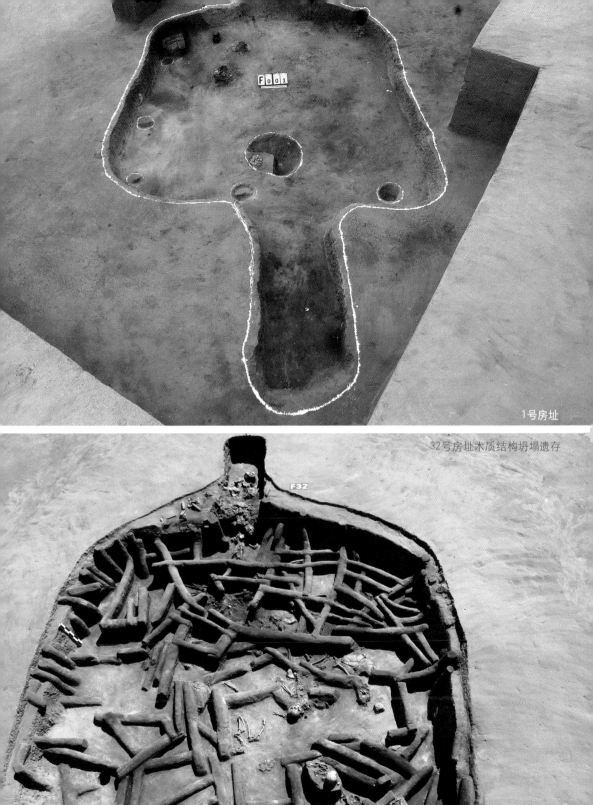

1号房址

32号房址木质结构坍塌遗存

F001

F32

44号房址

数制作成装饰品，由于这类物质是有机质的，保存下来的数量通常不很多，此外这类物质还可以为我们提供一些环境、气候等方面的信息。一般多见器形有锥、针、镞、匕、刀及坠饰。

8000年前已经成为人类精神生活中不可或缺的奢侈品——玉器，在哈民遗址中也被大量发现。

哈民遗址出土玉器见于房址内，种类有玉璧、玉环、玉钺、玉匕、玉钩云形器、玉坠饰等，出土玉器质感温润、造型精美。玉器通常也被认为是通天理地、晓谕鬼神的唯一载体，这些玉器对解释古代人类生活习俗、审美情趣以及宗教信仰等提供了重要的实物线索。

哈民聚落遗址距今约5500年，其规模之大、保存之好、现象之复杂、出土遗物之丰富在整个东北地区的史前考古中都是极其罕见的，残存的木质房屋顶部结构和房址内大量凌乱的人骨遗骸凝固了史前生活某一瞬间的原貌，具有自

身特色的装饰麻点纹的陶器、种类繁多的石、骨、角、蚌器及其精美的玉器等，为了解新石器时期的房屋结构、经济生活、制陶工艺、宗教习俗等提供了及其重要的实物资料。

哈民遗址考古发掘的重大收获主要有这么几个方面：其一，房屋居址成排或成组分布、规整统一的空间布局，属于完整的史前聚落形态，对于正确揭示东北地区史前人类的居住环境及其居住方式有着不可多得的标识作用。由此可以探究古代社会人类群体之间的种群关系，最大限度地复原古代社会氏族、部落或家族之间的结构与形态，内部等级的构成、财产的占有以及家庭和婚姻的状况等，甚至通过对出土物品的分类和统计还可以较为准确地再

40号房址人骨分布情况

F40

居住面遗迹遗物分布情况

现当时社会的生产与生活画面。丰富的出土遗物，反映聚落废弃时间的突然性，有助于还原历史的真实状态。譬如像战争、瘟疫等的忽然降临，令人猝不及防的地震、洪水等，保存如此完整的聚落形态和遗物，在东北地区乃至国内都是极为少见的，这对史前聚落遗址的研究意义及其重大。其二，保存较好的房屋木质结构痕迹，是在我国甚至世界范围内第一次在史前时期的聚落遗址中发现，清理出房顶的梁架结构，对于复原史前房屋的建筑方式提供了极为重要的形象依据，堪称史前建筑史上的空前发现。其三，房址内发现大量人为抛弃的人类遗骸，真实地反映了古代部落或民族之间的复杂关系，或为种族仇杀，或为部落战争，或为自然灾害。这一发现对于解释聚落的废弃原因具有重

大的意义。其四，发现了玉璧、玉环、玉匕、玉钺、玉坠等多种精美玉器，部分玉器的器形与辽西地区红山文化的同类器十分接近，这对于进一步探讨新石器时代考古学诸文化之间的关系具有重大的意义。其五，哈民遗址的考古发掘，填补了中国东北地区新石器时代考古学文化的空白。哈民遗址的发掘，使我们首次了解该类遗存的房址、灰坑分布状况，并发现其陶器的完整器形和陶、石、骨、蚌质制品的器物组合关系，遗存所反映的文化面貌是一种全新的考古学文化遗存。这类遗存的文化中心大体分部在中国东北的科尔沁沙地地区，其年代与红山文化相当。所以，哈民遗址

12号墓葬

人骨

的考古发掘，健全了中国东北地区考古学文化的谱系与序列，极大地丰富了草原考古学文化的内容。

哈民遗址所揭示遗存的独特文化面貌与周邻地区已发现命名的新石器考古学文化均不相同，根据对其文化内涵的认识，可确立为一种新的考古学文化——"哈民文化"。"哈民文化"的发现，在空间上填补了以往区域考古工作的空白，在时间上充实和完善了新石器时代晚期考古学文化研究的薄弱环节，在聚落考古方面取得了突破性进展。"哈民文化"地处科尔沁腹地，分布范围介于辽西、松嫩、吉长三大考古文化区之间。由于其特殊的地理位置，该文化的发现与研究为相关联地区新石器文化源流的探索、文化体系的构建和

石斧

石斧

麻点纹陶筒形罐

骨针

磨盘、磨棒

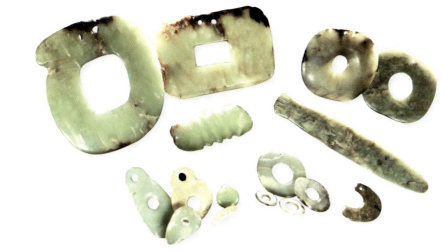

46号房址出土的玉器

麻点纹陶筒形罐

区域间考古学文化关系的研究，提供了新的视角。

　　哈民遗址丰富的遗迹和遗物为科尔沁地区的新石器时代考古填补了一项空白，基本可以确认为是一支相当于中原仰韶文化晚期的新的考古学文化。 这些重要建筑、墓葬等遗存的发现，也为了解"哈民文化"的建筑技术、文化内涵、社会结构及文化分期提供了重要的实物资料。

　　哈民遗址的考古发掘被评为"2011年度中国十大考古新发现"。

陶壶

8 科尔沁左翼后旗乌兰图来遗址群

撰稿：包斌斌
摄影：包斌斌

遗址全景

采集陶片标本

通辽市重点文物保护单位。

位于科尔沁左翼后旗阿古拉镇乌兰图来村南600米。乌兰图来村是由蒙、汉等民族组成，人口1200多人，地形以平原为主，生业是以牧业为主，结合农耕方式的自然村。本地区属温带大陆性季风气候。地貌为堆积形成，由垄状沙丘、平坦沙地、丘间洼地和带状河谷构成。

乌兰图来遗址群东南、南部为水泡子，西、北、东北三面为连绵的沙地。共计6个遗址组成遗址群，其东、南、西部为连绵的沙地。整个遗址群东西长2000，南北宽1000米，总面积约二百万平方米，基本呈长方形。各个遗址彼此相隔100~300米左右。每个小遗址中遗存物暴露甚多。在遗址群地表上散布着红山文化的之字纹陶片，夏家店下层文化的划纹陶器残片、鬲足、石斧、石刀。

该遗址分布面积之广，遗物种类之多，历史价值之悠久，在本地区实属罕见，根据遗址群暴露的遗物，采集的标本和文物分析来看，科尔沁左翼后旗乌兰图来遗址群包含有红山文化遗物、夏家店下层文化遗物、鲜卑遗物、辽代文化遗物。乌兰图来遗址群为科尔沁左翼后旗第三次文物普查新发现。

9 科尔沁左翼中旗车家子遗址

撰稿：吴长胜
摄影：吴长胜

通辽市重点文物保护单位。

位于科尔沁左翼中旗腰林毛都镇东北15公里，车家子嘎查正西1.5公里处。遗址的四周为坨沼地带，地表呈白沙土地，遗址北侧有一片防沙林带，南1公里处为保开公路，2公里处是东塔拉营子嘎查。

车家子遗址东西长80，南北宽50米，面积约四千平方米，基本呈长方形。该遗址地表上散布着陶片、石器等遗物，其中有石球、石饼、石斧，还见有灰色篦点纹陶器残片、灰色素面陶器残片、酱釉缸胎残片、青花瓷残片、白釉瓷残片酱釉瓷片等遗物。根据地表遗迹遗物分析，认为车家子遗址为包括了新石器文化、辽代文化

遗址全景

地表遗物

地表遗物

和金代文化等的多种文化因素并存的复合型遗址。

车家子遗址采集遗物文化因素多样，包含了不同性质的文化遗存。对研究认识新石器时代、辽代时期及金代时期的生产生活具有重要价值。该遗址系科尔沁左翼中旗第三次全国文物普查时发现遗址。

⫴10⫴ 科尔沁左翼中旗英格勒遗址

撰稿：白格日乐吐
摄影：白格日乐吐

通辽市重点文物保护单位。

位于科尔沁左翼中旗花吐古拉镇英格勒嘎查东南15公里，英格勒遗址处在一个沙凹处，四周是沙坨子，周边有防护林带，东面有一片耕地，西南约2公里处为唐日格庙，西侧8公里为国道304线和通（辽）—霍（林河）铁路。遗址东西长100，南北宽70米，总面积约7000平方米。遗址地表上，可以看到一些被风剥蚀的沙土坑里和黑色的沙土包上，有一灰层、烧土块、陶器碎片、石器等遗物。地表可采集到文物标本有石饼、红色夹砂陶

地表

陶片

陶器

片，灰色篦点纹陶片等遗物。据地表采集的遗物分析，英格勒遗址文化因素多样化，包含了不同时期的文化遗存。由于没有单位和层位关系，初步认定这是一处包含新石器时代、鲜卑时期以及辽代遗物的遗址。所以只能粗略地反映这一地区多种文化因素共存及其在时空的分布状况。

科尔沁左翼中旗英格勒遗址的文化内涵丰富，是一处包涵多种文化因素的重要遗址。英格勒遗址属于新石器时代，同时亦发现有鲜卑时期以及辽代文化的痕迹。英格勒遗址的发现对于研究本地的社会经济和文化供了翔实的实物资料。英格勒遗址以往未见著录，系科尔沁左翼中旗第三次全国文物普查新发现。

‖11‖ 扎鲁特旗南乌呼锦遗址

撰稿：王成
摄影：王成

通辽市重点文物保护单位。

位于扎鲁特旗乌力吉木仁苏木南乌呼锦嘎查正南7公里。乌呼锦遗址在哈达胡硕山前，周围群山环绕，植被保存较好，附近有耕地。遗址东西长约150、南北宽约150米，现存面积约二万二千多平方米。由于农牧民开荒耕地以及自然力的作用，导致部分遗迹裸露于地表。遗址地表遗迹现象十分丰富，陶器残片有夹砂褐色、夹砂灰色，多为素面陶器残片，少见绳纹和几何纹，陶器残片还有带纹饰的篦点纹、布纹瓦、素面灰陶片、器底残片特别多；另有清代青花瓷片、酱釉瓷片等。在农牧民的耕地里多见有辽代绿釉粗瓷

遗址远景

片。根据该遗址调查地表遗迹遗物分析，断定这是一处新石器至辽代、清代的大型复合遗址。

乌力吉木仁苏木位于内蒙古通辽市扎鲁特旗西南部，北距旗政府所在地鲁北镇70公里，东南距通辽市区160公里，西邻赤峰市阿鲁科尔沁旗，南与开鲁县交界，这里极具科尔沁草原风情，乌力吉木仁苏木地域辽阔，历史文化与民族文化源远流长。

扎鲁特旗南乌呼锦遗址的文化内涵比较丰富，是一处包涵多种文化因素的重要遗址。南乌呼锦遗址是新石器时代至辽金时期，甚至到清代都有人类在此活动的遗址。该遗址的发现对于研究本地区社会经济和文化生活提供了翔实的实物资料。南乌呼锦遗址是扎鲁特旗第三次全国文物普查新发现。

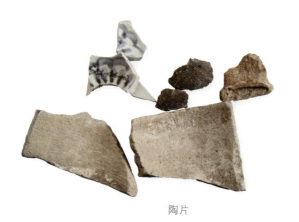

陶片

陶片

▒12▒ 扎鲁特旗南宝力皋吐墓地

撰稿：冯吉祥　吉平
摄影：内蒙古自治区文物考古研究所

全国重点文物保护单位。

位于通辽市扎鲁特旗东南约40公里，东北距道老杜苏木10公里，南距南宝力皋吐村约2公里，这里地处松辽分水岭，北依大兴安岭，南望科尔沁沙地和西辽河平原，东与松嫩平原相通，西及西南与西拉沐沦河流域相连，是大兴安岭南麓草原与科尔沁沙地的交会地带。南宝力皋吐聚落

发掘现场

遗存由多个墓地和遗址组成，它们坐落在南宝力皋吐村西的高地之上，呈西北—东南向一线排列。2006~2008年，内蒙古自治区文物考古研究所会同科尔沁博物馆、扎鲁特旗文物管理所对遗址进行了抢救性发掘，揭露面积11900平方米，清理墓葬395座、灰沟2条、灰坑37座，出土各类陶器、石器（玉）、骨、蚌器等1500余件。

墓葬均为长方形土坑竖穴墓，开口于表土层下。墓葬深浅不一，距地表最深1.3米，浅者仅0.3米。墓葬规模参差不齐，个别墓葬发现有头龛或脚龛，但少见有随葬品。墓内填土为沙质黑褐色土，十分坚硬，内含少量细石器、碎陶片。墓向皆为西北—东南向，葬式常见仰身直肢单人葬，少侧身葬、俯身葬，不见屈肢葬，极少双人或三人合葬墓，少数墓葬没有发现人骨，个别墓葬明显为两次葬、乱葬，同时发现有火烧墓。随葬品一般置于头顶部或肩部头两侧，亦有少量置于腰或两臂外侧。

墓地出土大量随葬品，包括陶器、石器（玉器）及骨、蚌器。其中陶器数量最大。随葬陶器有筒形罐、双耳壶、尊、钵、豆以及异形器（人物、动物造型陶壶）。最常见的陶器组合是筒形罐和双耳壶或叠唇弧腹罐。彩陶器形有双耳壶、龟形壶等，多见黑彩几何纹、平行直线、动植物纹等。墓葬内出土的一件刺猬形罐，整个陶罐造型生动可爱，刺猬面部采用雕塑手法，双耳外突、眼鼻内凹，巧妙地将刺猬的圆嘴作为罐口，周身采用连续刻画体现刺猬的满身芒刺，应该为玩具或饰品。其中三樽龟形陶壶、红陶黑漆彩陶等属首次出土。石器分为打制石器和磨

制石器，打制石器多于磨制石器，细石器规整，琢制精细。打制石器多为细石器，有石镞、石钻和刮削器，另有少量打制石斧。磨制石器有石斧、石凿、石磨盘和石

发掘现场

磨棒等大型生产工具。随葬石器中还出
土有大量松石、玉器等，如斧、锛、管
状珠、环形坠、片状坠以及环、璜等饰
件。在众多出土石器中，一件青石制成的

石骨朵引人注目，该骨朵为五角蒺藜形。
此前所知骨朵最早出现在东汉以后，南宝
力皋吐遗址出土的石骨朵使这种兵器的出
现年代向前推了几千年。骨器以石刃骨柄

墓葬出土情况

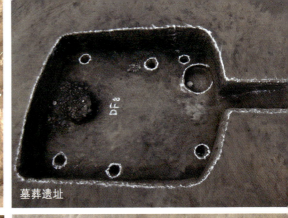

墓葬遗址

墓葬

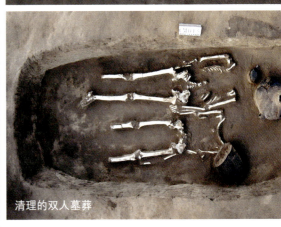

清理的双人墓葬

骨冠出土情况

的。骨片长短、弧度非常讲究，每顶冠由十五六片组成，骨条表面可能还覆盖过兽皮或编织物。这些骨冠是中国目前发现的新石器时代唯一能被称为"冠"的饰物。发现骨冠的墓葬中有三座位于古墓群组的中心位置，随葬品均非常丰富，包括陶器、石器、骨器和玉器等，骨冠佩戴于墓主人头部，可能象征着其身份和地位的重要。此外，佩戴骨冠的人均为仰身直肢葬，骨骼保存完好，应该是营养状况良好的成年人。另一件精美的骨梗双玉刃短剑用骨作剑身，玉为刃，可能是青铜短剑的前身。

在南宝力皋吐聚落遗存中还发现了一些房址。房址平面呈"凸"字形，表土层下开口，呈方或长方形，为半地穴式，进深与间宽没有规律，或进深大，

刀为主，尚有少量骨锥、骨管，蚌类随葬品大多朽蚀，见有少量蚌环、蚌珠等。在南宝力皋吐古墓群遗址中，共发现四个完整的骨角质冠饰，出土时发现骨冠很紧密地套箍在遗骸头颅上，帽子的形状十分明显。经检测发现，组成骨冠的是剖割成弧形条片的大型动物肋骨、獠牙或犄角，每个骨片两端都有孔眼，显然是绳索穿缀用

人形壶出土情况

出土的龟壶

异形陶罐

刺猬形陶器

鼓腹罐

异形陶罐

墓地出土的异形陶罐

陶罐

或间宽大。面积一般为10平方米左右，大者近15平方米。墙壁保存较好，居住面及部分墙面涂抹有细白黏土，圆筒形灶多位于居住面中部近门道处，槽状狭长门道为斜坡式。柱洞多位于墙壁下，数量不等，多者十余个，少者六七个。房址内出土遗物较多，包括陶器、石器（玉器）和骨蚌器，其中陶器数量最多，器形有筒形罐、壶、盆等。出土的石器多磨制，器形规整精细，多见斧、凿。少量打制石器见有石片、石铲和刮削器，另见极少打制石镞。石器中还出土有少量玉器，如斧、片状坠以及璜等饰件。骨蚌器亦有相当数量，但多已经粉化，见有刀、铲及装饰品。

南宝力皋吐聚落遗存是迄今为止内蒙古东部乃至整个东北地区发现的规模最大、获取遗物最为丰富、文化面貌极其独特的一处新石器时代晚期的大型聚落遗存。遗存中各墓地的墓葬形制相同，葬式、墓向统一，墓内出土陶器风格特征一致，且无打破关系，因此当属于同一种文化种群的遗存，年代距今约5000～4500年。南宝力皋吐聚落遗存出土遗物品种之多，数量之大，在以往的考古发现里是不多见的，尤其是完整的骨冠、管状器、带有护刃的骨梗石刃刀等均为首次发现。大量复合工具的发现，为我们了解科尔沁草原史前的生业形态，探寻科尔沁文化源流提供了珍贵的实物资料。南宝力皋吐古墓地的发掘2007年被中国社会科学院选入当年"考古学论坛——六大考古新发现"，同年又入围"全国十大考古新发现"的终评，获2007～2008年度中国田野考古三等奖。

玉器

玉牙璧

玉璜

石骨朵

磨盘、磨棒

出土的器物

‖13‖ 扎鲁特旗昆都岭墓群

撰稿：闫洪森
摄影：刘伟臣

位于扎鲁特旗道老杜苏木荷叶花嘎查西南16公里。墓群东距离南宝力皋吐古墓群约20公里处，墓葬在牧民的耕地里，周围是一片草甸。由于农牧民耕地导致墓葬裸露于地表。昆都岭遗址以墓葬为主。

2008年7月到10月，内蒙古自治区文物考古研究所、通辽市博物馆和扎鲁特旗文物管理所对昆都岭墓地进行了抢救性发掘。该遗址的面积近4000平方米。共发掘墓葬178座，灰坑13个，从出土遗物米分析，昆都岭遗址的文化属性应该是小河沿文化，但它又受到了辽宁地区的偏堡子类型的影响。

昆都岭遗址的墓葬共出土随葬品909

考古发掘现场

件（组），主要有陶器、石器、骨器和玉器等。其中陶器234件，以夹砂灰陶和夹砂红陶为主，纹饰主要有条形附加堆纹、复线几何纹、刻划的网格纹等，器形主要是筒形罐、壶，其中壶有双耳高领壶、联口壶和龟形壶等；石器531件，器形主要有镞、斧、刮削器、磨盘和磨棒等；骨器84件，器形主要有骨柄石刃刀和束发器等；玉器49件，器形主要是环、匕等饰件，还有刀和斧。随葬品中一般陶器放在头的上部，玉器在头部和胸部，磨盘和磨棒在脚的底部。昆都岭古墓群比较突出的特点是发现了一部分迁移葬墓，同时首次发现了一个三人合葬墓。

昆都岭遗址的墓葬首次出土的一件玉骨朵，该玉骨朵制作精美，浑然天成，让人们不得不惊叹5000年前的古人类的聪明与智慧。在此前扎鲁特旗南宝力皋吐出土的石骨朵就已经将骨朵出现的年代提前了2000年，被誉为稀世珍宝，而玉骨朵的首次出土又填补了我国考古界一项空白。

昆都岭遗址是2008年初在通辽市扎鲁特旗境内新发现的一处新石器时代的遗址，该遗址对研究我国北方新石器时期古人类生活和手工制作工艺具有重要的史学价值和现实意义。同时出土的部分精美彩陶也极具欣赏和研究价值。昆都岭遗址是近几年来在通辽地区继南宝力皋叶墓地以后发现的又一处重要的新石器时代晚期的遗址，它为研究通辽地区的新石器时代文化提供了一批重要的实物资料。

文物出土时情况

文物出土时情况

文物出土时情况

青铜时代

　　青铜时代的通辽市，已经发现的考古学文化有夏家店下层文化、夏家店上层文化和高台山文化。学者们初步认定夏家店下层文化的年代大致距今4200年～3500年之间，约相当于中原地区的夏至早商时期，处于青铜时代早期。夏家店上层文化是青铜时代晚期文化，大约距今3200年～2500年，即相当于商末至春秋晚期。高台山文化，其年代与夏家店下层文化大体平行，主要分布于辽北地区和通辽南部地区，曾给予魏营子文化及夏家店上层文化以巨大影响，是我国北方又一支重要的早期青铜时期文化。魏营子文化是由多种文化因素构成。大体在殷墟一、二期时朱开沟文化的附加堆纹鬲因素沿燕山北麓到达夏家店下层文化药王庙类型的区域——大小凌河流域，与西进的高台山文化饰横桥耳或扳耳的素面叠唇器因素相互碰撞，三者相互吸收、融合，共同形成了独具特色的魏营子文化。2013年4～6月，内蒙古自治区文物考古研究所对库伦旗小奈林稿、孤家子遗址和墓地进行了考古发掘。从这些墓葬葬式和出土遗物情况可初步断定，该遗址为高台山文化遗存。这是内蒙古地区首次发现高台山文化遗存。青铜时代通辽地区发现和发掘的遗址有聚落遗址和墓葬遗址两类。本单元收录的各类古遗址有7处，其中库伦旗有5处，分别是呼和哈敦沟南遗址、喇嘛苏日格北遗址、扎白营子墓葬群、小奈林稿及孤家子遗址；科尔沁左翼后旗有1处，是孟根大坝牧场遗址群；扎鲁特旗1处，是双龙泉遗址。

⫼14⫼ 科尔沁左翼后旗孟根大坝牧场遗址群

撰稿：布日额
摄影：布日额

通辽市重点文物保护单位。

位于科尔沁左翼后旗甘旗卡镇孟根大坝牧场东0.5公里，好力保哈日乌苏村东北5公里。孟根大坝牧场的地形地貌以丘陵为主，生产方式是以牧业为主，农耕结合生产方式的自然村。本地区属温带大陆性季风气候，四季明显，春季易干旱、多大风天气，夏季温热多雨，秋季温凉少雨，易秋旱，冬季寒冷少雪。沙坨草甸交错、沙丘连绵，以沙丘地为主要地貌特征。遗址群西面是村庄，东、南、北部均为连绵的沙地。共五个遗址组成遗址群，东西宽800、南北长2000米，面积约160万平方米，呈长方形。

孟根大坝牧场遗址群地表上散布着素面夹沙红褐色陶器残片、素面夹沙灰褐色陶片、素面夹沙红陶片、素面夹沙黑褐色陶片、篦点纹灰陶片及石器等大量遗物。据地表采集遗物的特征分析认为，主要包涵夏家店下层文化、夏家店上层文化、鲜卑—辽代时期遗存。

孟根大坝牧场遗址群的文化内涵十分丰富，是一处包涵多种文化因素的重要遗址群。遗址的发现为探讨相关各类考古学文化的分布范围及相互关系提供了重要的资料。孟根大坝牧场遗址群以往未见著录公布，系科尔沁左翼后旗第三次全国文物普查新发现。

地表遗迹

地表遗迹

‖15‖ 库伦旗呼和哈敦沟南遗址 ——————

撰稿：杨卫东

摄影：杨卫东

通辽市重点文物保护单位。

位于库伦旗白音花镇查干朝鲁台村南约1.5公里，遗址处于荒地当中，地形为南高北低，东、北侧均为较深自然冲沟。遗址大体呈正方形，土层为黄土层，南侧为阿其玛山余脉，东侧、北侧为较深的自然冲沟，东西约220、南北约220米，总面积约五万平方米。

呼和哈敦沟南遗址地表散布大量遗迹，像陶片，鬲足，器底、石器等，根据遗址地表的遗物分析，库伦旗呼和哈敦沟南遗址具有夏家店下层文化特点。所采集的陶片、鬲足、器底、石器等文物标本现保存在库伦博物馆。

库伦旗位于内蒙古自治区通辽市的西南部，养畜牧河自西向东横贯旗内中部。旗内南部养畜牧河至厚根河之间的区域属于辽西山地向东嵌入科尔沁沙地中的一带浅山丘陵，有较厚的黄土发育，是旗内古代遗址分布比较密集的区域。可以看出，库伦旗夏家店下层文化的遗址主要分布在河流两岸的近河台地上或坡地上。这个族群的经济形态是以农业生产为主的，过着定居的生活。那个时期聚落的分布几乎超过现代居民点的密度。这些遗址在时间上相互存在一定差异，说明夏家店下层文化的一些农耕经济尚不十分发达，迁徙仍较频繁。

该遗址的发现对于研究夏家店下层文化的内涵及所反映的社会组织结构具有重要的参考价值。库伦旗呼和哈敦沟南遗址以往未见著录或公布过，系库伦旗第三次全国文物普查新发现。

呼和哈敦沟南遗址

||| 16 ||| 库伦旗喇嘛苏日格北遗址 ——————

撰稿：杨卫东
摄影：杨卫东

通辽市场重点文物保护单位。

位于库伦旗库伦镇喇嘛苏日格村北约6.5公里，养畜牧河支流杏树洼河东岸台地的农田当中。遗址南北稍长，东侧略窄，呈长方形，遗址南、北、东三面有防护林带。遗址地势平坦开阔，土层为黄土层，南北约800、东侧为500米，总面积约四十万平方米。

喇嘛苏日格村居民以蒙古族为主，西与奈曼旗为邻，东边与科尔沁左翼后旗交界。喇嘛苏日格北遗址东侧有一条南北走向乡间土路，由于人们连年耕种，该遗址地表土层较松软，局部有沙化现象，遗址地表散布有火砂红陶鬲，红陶罐等陶器残片。根据遗址发现的遗物分析，喇嘛苏日格北遗址应为夏家店下层文化。

喇嘛苏日格北遗址的发现为研究古代不同时期的历史文化提供珍贵的文物资料。该遗址以往未见著录或公布过，系库伦旗第三次全国文物普查新发现。

遗址全景

遗址近景

▏▎17▏▎扎鲁特旗双龙泉遗址

撰稿：闫洪森
摄影：刘伟臣

通辽市重点文物保护单位。

位于扎鲁特旗香山镇双龙泉村西北约2公里处，双龙泉遗址在大柳树草帽山东北坡上的耕地里。遗址地表遗物十分丰富，散落有大量陶器口沿残片、红褐色腹部残片，另有石磨棒等遗物。文化层厚约为1米。该遗址坐落在香山河（现为季节河）西岸的缓坡上，背靠一道较高的山岭。从遗物散布的范围看，遗址南北长约200、东西宽约150米，总面积约两万平方米。个别地段可见有灰土圈痕迹，疑为房址、灰坑等遗迹单位。采集遗物有石器和陶器残片。石器种类较少，有斧、圆饼、刀等，从制法看有磨制、打制和琢磨兼

遗址全景

遗址地表遗物

采集的陶片、石器

制。陶器以夹砂红褐陶和灰褐陶为主，有少量红陶、灰黑陶和黄褐陶，仅个别见有泥质陶器。可辨器形以鬲为大宗，多为口沿或鬲足，还有少量罐、钵的口沿残片。流行僵直的竖向或斜向绳纹，纹痕普遍较模糊，多见于鬲类器的器表。未见弦断绳纹。另有部分附加堆纹和少量箆点纹、珍珠纹。

双龙泉遗址采集的陶器内涵比较单纯。陶系以夹砂红褐陶和灰褐陶为大宗，器形多见口沿装饰附加堆纹、带花边的有领鼓腹鬲，此外还见有筒腹带鋬鬲、小口双耳鼓腹罐、斜直腹或弧腹陶钵等。陶器表面流行装饰僵直的中、细绳纹，纹痕较浅，部分陶器的绳纹被抹掉。这些特征和魏营子文化的陶器群特征十分接近，所以，此类遗存不仅年代应与魏营子文化相当，很可能在文化性质上也可归属于魏营子文化。采集的石器也应属于这一文化。双龙泉遗址所见资料，或许代表了魏营子文化的一个新的地域类型。

魏营子文化是一支主要分布在大小凌河流域的青铜时代的考古学文化。

扎鲁特旗双龙泉遗址的发现对于研究当时的社会现象和文化内容，有着深远的意义和影响。双龙泉遗址为2009年4月扎鲁特旗文管所第三次全国文物普查新发现。

‖18‖ 库伦旗扎白营子墓葬群 ——————

撰稿：闫洪森
摄影：刘伟臣

通辽市重点文物保护单位。

位于库伦旗库伦镇扎白营子东山西则缓坡处，南距库伦镇16公里。遗址在南北走向梯田当中，因连年耕种土层较薄，墓葬群西则与北则均为较深的冲沟，墓葬群南北长500、东西宽200米，总面积约10万平方米，大体呈长方形，地势为东高西低，土层为黄土层。墓葬群西南侧有几个墓葬被盗的痕迹，被盗墓葬边采集到夏家店下层文化鬲足、陶片等器物残片。墓葬群北侧、西侧均为较深的自然冲沟；东侧山顶上有铁塔，有几处墓葬已被盗掘；西、北侧自然水土流失较严重。

2008年11月16日，库伦旗文物普查队在进行田野调查时在库伦旗库伦镇扎白营子村东山的缓坡上发现了这处夏家店下层文化墓葬群。库伦旗第三次全国文物普查队在库伦镇扎白营子村征集到该墓葬群出土的夏家店下层文化类型的夹砂红陶、三足鬲等器物。

扎白营子墓葬群以往未见著录或公布，该遗址系库伦旗第三次全国文物普查新发现。扎白营子墓葬群的发现不仅证明了墓葬区与聚落区之间的关系，同时对夏家店下层文化时期其他方面的研究也具有积极意义。

采集的陶器

扎白营子墓葬群

撰稿：吉平　闫洪森
摄影：杨卫东

　　位于库伦旗库伦镇小奈林稿村西的一处缓坡上，是库伦旗文物管理所在第三次全国文物普查工作中发现的。遗址西、北两侧是季节性水冲沟，南侧由于村民建房取土形成高约3米的断崖，东侧是库伦—阜新一级公路，路东现在是成排的村民住宅，原来应该也是遗址。受多种因素的影响，遗址现存面积不大，南北长约90、东西最宽约50米，总面积不到5000平方米。

遗址全景

为配合库（伦）—平（安地）一级公路的改扩建工程，2013年3～6月底，内蒙古自治区文物考古研究所对其进行了抢救性考古发掘，累计揭露面积1800余平方米，发现了时代和文化属性不同的四种遗存。其中高台山文化的居址和墓葬是此次发掘的主要收获。

库伦旗小奈林稿居址分布较广，从南侧断壁到遗址北端、从坡地东侧边缘往西至30米左右都有发现。遗址现象较为丰富，有房址12座、灰坑30多个，沟5条。

房址多为圆角长方形半地穴式，室内中部附近往往有规整的圆形坑灶，数量1～3个不等，直径20、深8～10厘米，坑壁由于长期被火烧烤而呈炭黑色，壁面非常坚硬。其中1座房址的坑灶在发现时，上方还置有1件残鬲。部分房址存有较好的硬面。个别房址的墙壁附近发现有圆形柱洞，斜坡式门道位于房址的东侧。灰坑多散布在房址的周围，从平面形制来看，有圆形、椭圆形、长方形、圆角方型和不规则形五种，直壁，或平底，或略显圜底。其中以椭圆形直壁圜底坑最具特色，直径2米左右，深约1米余。

墓葬共发现26座，比较集中地分布在遗址的南端，排列较密，间距一般在2米以内；也有个别墓葬在居住区内，打破房址。从墓向来看，既有南北向的，也有东西向的。东西向墓数量较多，南北向墓数量较少，或位于遗址的东端，或打破高台山文化的房址。墓葬形制比较统一，除两座偏洞室墓外，其余都是长方形土坑竖穴墓。墓圹长一般2米左右、宽不足1米，深者1米余，浅者揭掉耕土层就暴露出人骨。全部为单人葬。葬式为侧身直肢，无

9号房址全景（北-南）

发掘现场

14号墓葬（西南-东北）

葬具。多数墓葬有随葬品，以陶器为主，少者1件，多者5件，一般以2～3件居多，通常放置于死者的足端或下肢骨近旁。随葬陶器以素面夹砂红陶为主，器形有小口高领壶、侈口鼓腹罐、高足钵、平底钵、杯等；也有少量夹砂灰陶，代表器形是大口高领罐，领的中部有一周锯齿状附加堆纹，纹带处通常附四个两相对称的小扳耳或两个对称竖桥形耳。

库伦旗小奈林稿遗址的发现，为内蒙古地区首次发掘大面积高台山文化遗存。

‖20‖ 库伦旗孤家子遗址

撰稿：吉平　闫洪森
摄影：阿如娜

发掘工地

位于库伦旗库伦镇孤家子村西北约1.5公里的一处缓坡上，南北最长约220、东西最宽约150米，总面积近3万平方米，现已辟为农田。孤家子遗址地处河道南岸，东邻公路，整个遗址地势南高北低呈坡状，坡下出土较多墓葬。库（伦）—阜（新）一级公路从东部穿过。遗址西、南两侧是季节性水冲沟，南侧地势较为平缓，墓葬主要分布在北坡，从坡的中部一直延伸至南侧坡底。

为配合省道305线（库伦—平安地）一级公路的改扩建工程，2013年4～6月，内蒙古自治区文物考古研究所对库伦旗孤家子墓地进行了抢救性考古发掘。

此次考古挖掘揭露面积2300余平方米，清理墓葬60余座，出土陶器、石器、骨器及蚌器等百余件。这些墓葬排列疏密不均，总体来讲，坡上较为稀疏，坡下则较为密集；受连年翻耕的破坏，墓葬保存并不理想，多数墓圹残存很浅，揭开表土层后即已暴露出被扰乱的人骨。在孤家子遗址发现的较多墓葬中，多数墓葬为南北方向，头朝北居多，少量墓葬头朝南。此外，还有一些东西向墓葬，头朝东占绝大多数。葬式多侧身屈肢、侧身直肢、仰身

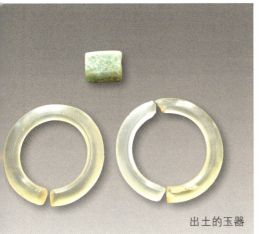
出土的玉器

12号墓葬

51号墓葬

人骨鉴定

直肢和少量俯身葬。保存较好的墓葬内出土较多陶器、石器、骨蚌器及玛瑙玦，而东西走向的墓葬中被发现的随葬品较少。陶器为素面夹砂红陶，多两两相扣置于脚部，种类有碗、罐、钵，少见器耳。只有少量墓葬中发现单耳罐和鬲，并有随葬品放置在头部的现象。此外，在发掘现场还出土一些石器，有石镞（石制箭头）和石钺（农具的一种）。另外，值得一提的是，部分墓内出土较多玛瑙玦、料珠和绿松石坠饰。绿松石坠饰也多出土于锁骨附近。从这些墓葬葬式和出土遗物情况可初步断定，该遗址为高台山文化遗存。这是内蒙古地区首次发现高台山文化遗存。

高台山文化，是20世纪70年代初发现、80年代末定名，主要分布于辽北地区，年代与夏家店下层文化大体平行而又曾给予后来的魏营子文化及夏家店上层文化以巨大影响的北方又一支重要的早期青铜文化。库伦旗孤家子遗址的发现对了解高台山文化的分布和研究早期青铜文化提供了弥足珍贵的实物资料。

战国秦汉时期

战国时期，中原民族与北方各民族接触频繁，经济文化交流日趋密切。1973～1974年，吉林省文物工作队和吉林大学历史系发掘了奈曼旗沙巴营子（又称善宝营子）古城，总发掘面积近5000平方米；调查过战国城址奈曼旗土城子古城，此二城沿用的时间从战国到西汉。1977年春，通辽市科尔沁区喜伯营子苏木保安村后发现三四座战国墓。1980年，哲里木盟博物馆（今通辽市博物馆）又在同一地点清理了一座土坑青铜剑墓，时代亦属战国。秦汉的长城遗迹，分布在通辽地区的奈曼、库伦两旗。秦汉长城沿线，还分布有许多亭、障、烽隧遗迹。战国秦汉时期通辽地区发现和发掘的古址有遗址和墓葬两类，本单元收录的遗址有三处。古遗址分别是奈曼旗的土城子古城址、善宝营子城址再加上库伦旗、奈曼旗的秦汉长城遗址。

21 奈曼旗善宝营子城址

撰稿：闫洪森
摄影：刘伟臣

内蒙古自治区重点文物保护单位。

善宝营子古城也就是沙巴营子古城。城址位于奈曼旗青龙山镇三一（善宝营子）村东南500米处，北距秦汉长城址有30公里。古城四周为起伏不平的丘陵地带，牤牛河在古城西南自西北向东南流过。1972～1973年，吉林省文物工作队和吉林大学历史系发掘了沙巴营子（善宝营子）古城。发掘面积近5000平方米，出土二千余件燕、秦、汉历史遗物。尤其在城内主要建筑遗址中，出土刻有秦始皇二十六年统一度量衡的诏书文字的陶量等珍贵的文物。

善宝营子古城近方形，四角正处东、

善宝营子城址

西、南、北方位线上。现存东北、东南、西北三面墙垣，西南墙垣被牤牛河水冲刷殆尽。所剩三面墙残高四米左右。墙系夯土筑，细密坚实，周长总计1350米。东南垣有一豁口，宽3.5米，有路土，土厚40厘米，应为门址。东北和西北二墙无门，西南垣有无门址今已不好辨认。东北垣有两望楼址，北望楼址已发掘，是木结构的两层建筑，底层为粮仓，上层为瞭望设施。

城内布局井然，北部居中有一高台建筑址，刻有秦始皇二十六年诏书文字的陶量，即在此处出土。从遗址所处位置和规模形制，以及发现珍贵的陶量来看，此高台遗址当为该城的重要建筑址，可能是官署所在。在该遗址的西南部位，经钻探和发掘证明是手工业作坊区，城东、南两面是一般的住宅区。在主要高台建筑址的北面没发现居住址，遗物也少见。从城的形制及遗存建筑饰件大小看，可以推想城内建筑规模还是比较壮观的。

建筑用的瓦，有板瓦和筒瓦，纹饰多为绳纹。铁器为生产工具。这时的兵器类铜镞多为铁铤，均为三叶或三棱体，同时出现了铁镞，此外还出有一件铜矛。货币有秦半两、吕后半两、文帝半两。

根据发掘所揭示出的地层堆积和出土文物来看，知道古城最初建于战国时代的燕国，秦和西汉继续延用。古城未见东汉时代任何遗物，因此说，该城在东汉时已废弃。

据考古调查，通辽奈曼旗善宝营子城址是由燕国开始修筑而沿用到秦汉时期的古城。燕国设置右北平、辽西等郡实行有效的管辖。燕所设右北平郡等是历史上内蒙古东部地区最早的行政建置，也是内蒙古东部最早的城镇，在内蒙古地区历史上有重要意义。

从善宝营子城址的发现看，中原的先进文化是通过辽西、辽东二郡传入二郡以北的广大地区，因此在古城址中发现燕、秦、汉文化遗物意义重大，它说明中原先进文化向北传播的枢纽作用。古城发现的每一件农具、陶器、武器和货币，无不生动地叙述着我国古代北方各族劳动人民在这一带辛勤开发的史实，说明了中原文化和北方民族文化的交融。反映了古代北方边疆地区特别是在科尔沁地区同中原地区一样，有着悠久的历史和灿烂的古代文化。留存在地上、地下不同时期的遗迹和遗物就是最好的历史见证。

22 ▎ 奈曼旗土城子城址

撰稿：闫洪森
摄影：刘伟臣

全国重点文物保护单位。

位于奈曼旗沙日浩来镇西土城子村西南500米处，北距秦汉长城10公里，东与牤牛河相距8公里，东南距离巴营子（善宝营子）古城20公里里。古城东，西、南三面为丘陵，北面为平野。

古城大小、形制与善宝营子古城相仿。城墙系夯土筑，残高4～7米不等，周长1419米。有南北二门，南门有为瓮城，规模较大。城内西北角有一小内城，南北长63、东西宽60米，面积3700平方米。

内城的西、北二墙，借用外城的西、北二墙，东和南二墙略低于外城墙。内城东墙南段有开2米宽的豁口，应是内城通向外城的门道。内城地势平坦，略高于外城。地表散布着少许瓦片，据当地村民介绍，早年在内城耕地时，曾拾到铁镣一副。在外城西部偏北与内城相近的地方，有一长方形高台建筑，南北长60、东西宽40米，面积2400平方米，高出地面1米左右。高台上散布着大量的战国和秦汉时代的陶片和建筑用的瓦片等遗物，这应是城内的主

城址东城墙

城址西城墙

土城子城址文物标本

要建筑。高台建筑的东面有一南北走向的道路，使南北二门相连。此路恰好使古城分成两个半区，西半区遗物较多，东半区遗物较少。1977年，在奈曼旗西土城子古城东北0.5公里，村民挖菜窖发现一座战国时代的土坑竖穴墓，随葬品皆为兵器，有铜戈、铜剑各一，各式铜镞30余枚。从土城子古城到善宝营子古城之间，有好多居住址，战国秦汉时代的遗物，俯拾皆是。看来在秦汉长城以南的地方，山峦起伏，烽燧相望，关隘城堡相接，想当年已是村郭相连，景象繁荣。

战国时代，北边燕、赵、秦三国与东胡、林胡、楼烦、匈奴等北方诸族争夺今内蒙古南部部分地区，最终，三国各将其领土扩展到内蒙古高原的南缘地带，筑长城，置郡，开始了中原诸国对内蒙古地区的管辖。战国后期，燕国的疆域向北拓展了许多，已经囊括了今天内蒙古东部地区的南缘，归右北平、辽西等郡管辖。燕时期辽西郡的西边与右北平郡相邻。今通辽奈曼旗土城子乡土城子城址是迄今为止发现的规模最大、保存基本完整的一处城址。城内地表散布陶片极多，以战国绳纹陶为主。燕国设置右北平、辽西等郡实行有效的管辖。燕国在内蒙古地区创置的郡、修筑的长城、城镇等多为秦汉所沿袭，在历史上有深远影响。

土城子古城址，是奈曼悠久历史文化的重要组成部分，它们充实丰富了奈曼历史资料，也使奈曼历史文化底蕴因此而变得更加丰富厚重。

城内文物标本

⫼23⫼ 库伦旗、奈曼旗秦汉长城

撰稿：闫洪森　刘伟臣
摄影：刘伟臣

通辽地区秦汉长城遗迹分布在奈曼旗、库伦旗两旗。因年久剥蚀，现今只剩土垅。库伦旗、奈曼旗的秦汉长城总长度达到91.6公里。全段有边堡3座、烽火台4座。库伦、奈曼旗两段秦汉长城墙体多为堆土筑就，不见夯筑。库伦、奈曼旗长城秦代始筑，西汉沿用，东汉废弃。

20世纪70年代，李殿福先生考察了奈曼、库伦秦汉长城并与1973～1974年对秦汉长城以南的奈曼旗沙巴营子（善宝营子）战国古城进行了挖掘工作。1988年第

二次全国文物普查时，库伦旗和奈曼旗文管所及通辽市博物馆曾徒步走过这段长城遗迹。由于时间和其他客观原因，有许多长城地段，也是匆忙观察，未能详细记录。从2009年9月中旬到2010年6月，通辽市长城调查队通过全面调查，踏查了通辽市境内库伦、奈曼两段秦汉长城。

奈曼旗秦汉长城主要分布在奈曼旗南部，奈曼长城共有土墙20段，河险2段，消失长城8段。墙体总长63.543公里，其中土墙保存较好277米，保存一般5480

秦汉长城

米，保存较差15074米，保存差17520米，消失6035米；河险19200米，奈曼燕长城共有两座烽火台、一座边堡。

双合兴烽火台，烽火台在长城墙体南侧，烽火台已坍塌成了一个土丘，保存较差，土筑。烽火台平面呈圆形，经过多年风蚀雨冲的破坏，烽火台各面有较大坍塌，烽火台为黄土堆筑。新安屯烽火台，烽火台位于新安屯长城墙体南侧，南距蛤蟆山80米，该地风力强劲，风蚀与河流对其破坏比较严重，烽火台已坍塌成了一个土丘，该烽火台紧靠长城墙体南侧；苇塘沟边堡又称苇塘沟障城，位于沙日浩来镇苇塘沟村西3000米，保存较差，地表痕迹墙体比较模糊。边堡东西长约20米，南北宽15米，周长为70米，面积300平方米。残高0.5~2米。堡北墙为长城墙体，门址不清，堡周围为人工种植的小树林。

库伦旗秦汉长城主要分布在库伦旗南

部，库伦长城共有土墙15段，河险2段，消失长城7段。墙体总长28058米，其中土墙保存一般3636米，保存较差16612米，差的2398米，消失3645米；河险1767米，另外还有两座烽火台、两座边堡。库伦段秦汉长城墙体构筑方式多为堆土筑就，最高处5米左右。库伦旗长城共有两座烽火台、两座边堡。

马营子1号烽火台，在库伦河南岸，该烽火台整体保存较差。经过多年雨水冲刷的，各面均有较大坍塌，台体四周形成不同程度的斜坡，整个烽火台现已成圆锥形，南侧依靠在长城墙体上。台墩损毁较严重，已看不出原来的形状，有台基，上面长满杂草；马营子2号烽火台，墙体南侧为库伦河，北侧为东皂户沁村。该烽火台整体保存较好。台墩损毁较严重，已看不出原来的形状，结构和形制均遭到了破坏；马营子边堡又叫马营子障城，该城堡

长城皂户沁烽火台

保存状况较差，堡址结构、型制清晰。其中东、西墙保存较差，南、北墙体保存差，墙体坍塌严重，土墙呈高低不平的土垄状，中间有豁口，墙体上长满杂草，墙体中间为白沙空地，墙体东西南北侧均有树木。北距马营子烽火台约0.63公里；乃曼格尔边堡又叫乃曼格尔障城，位于乃曼格尔村东北，北临五头山，白音花镇乃曼格尔村东北2公里。该堡在一座孤山南坡上。保存较差，濒临消失，痕迹比较模糊，轮廓隐约可见。堡墙都已坍塌，墙的痕迹均比较模糊。堡东墙为长城墙体，门址不清。

综上所述，通辽市境内的秦汉长城只有奈曼、库伦两段：由赤峰市敖汉旗的河也村东进入奈曼旗西岗岗村北、弯子村北、苇塘沟村、瓦房村西、再以河为险过牤牛河蟒石沟村西、毛仁沟梁村南、蛤蟆山北、西南屯、大榆树村村中间、双合兴村中间、朝阳沟村北。过养蓄牧河河边进入库伦镇东皂户沁村东侧元宝山西侧、库伦镇东皂户沁村东侧、马营子村东、东牌楼村西、色冷稿村东、东通什村东、曼格尔村东 进入辽宁阜新八家子。

内蒙古自治区及河北省境内的秦汉长城遗迹，属于秦汉长城的中间地段，西起自额济纳河流域，向东横贯荒漠、阴山山脉、燕山山脉，至于库伦旗厚很河流域，东西横跨约2800公里。

秦始皇统一六国之后，派大将蒙恬率大军北逐戎狄，夺取河南地，将与匈奴对峙的防线推进到阴山一线。《史记·秦始皇本纪》记载："三十三年，……西北斥逐匈奴。自榆中并河以东，属之阴山，以为三十四县，城河上为塞。又使蒙恬渡河取高阙、陶山、北假中，筑亭障以逐戎人。徙谪，实之初县。"又《史记·蒙恬列传》载："秦已并天下，乃使蒙恬将三十万众北逐戎狄，收河南。筑长城，因地形，用制险塞，起临洮，至辽东，延袤万余里。于是渡河，据阳山，逶蛇而北。暴师于外十余年，居上郡。"又《史记·匈奴列传》载："后秦灭六国，而始皇帝使蒙恬将十万之众北击胡，悉收河南地。因河为塞，筑四十四县城临河，徙谪戍以充之。而通直道，自九原至云阳，因边山险堑溪谷可缮者治之，起临洮至辽东万余里。又渡河据阳山北假中。"《汉书·匈奴列传》记元朔二年（公元前127年）"于是汉遂取河南地，筑朔方，复缮故秦时蒙恬所为塞，因河而为固，汉亦弃上谷之斗辟县造阳地以予胡"。汉武帝时不仅修缮了秦长城，沿线的重要交通要冲增筑了城障亭塞，加筑了列燧，形成一条新的边防线；将上谷郡斗辟造阳地方放弃后，另在其南面兴筑列燧与右北平郡北部的长城相连接。这就是现今西起狼山，东至燕山山脉东面的厚很河流域，即自乌拉特中旗至库伦旗之间的汉长城遗迹。

内蒙古境内，秦始皇长城最西部分发现于乌海市黄河东岸桌子山上，南北延伸约30余公里。乌海市长城与秦昭王长城之间的连接，很可能是秦昭王长城由宁夏北上，溯黄河东岸而进入乌海市境内的，这一段遗迹目前尚不清楚。从乌海市溯黄河北上，直至北河（今乌加河）南岸，主要利用了黄河天险，不再筑墙体，临河修建了四十四座县城加强防御，即所谓的河上塞。在北河南流转为东流的拐折处开始利用赵北长城，在卓资县西部又另筑墙体，自灰腾梁西南部向南则利用东西横亘的大山险阻防守。再东行经河北怀安、尚义、张北、崇礼、沽源、丰宁、围场，进入赤峰市松山区境内。从松山区向东，经敖汉、奈曼、库伦，进入辽宁阜新市，然后过彰武、法库东抵开原，开原以东以障塞形式一直伸延到今朝鲜半岛大同江入海口北岸的龙岗（古碣石）。

奈曼旗和库伦旗地段的秦始皇长城遗迹，自西岗岗村东行，经高和村北至伊马钦村牦牛河西岸台地中断。再在其北约10公里的牦石沟村南山冈出现，自牦牛河东岸丘陵地带向东伸延，经薄等沟伸入库伦旗境内。库伦旗境内自西下沟村东行经水泉乡、白音花苏木，至先进乡折向东南伸入辽宁阜新市八家子村境内。秦长城在赤峰市英金河北面山地多为石块垒砌，残高近2米，底宽3～4米，顶宽2米；穿过老哈河后多蜿蜒在丘陵山区或河谷平川上，多因地制宜用土夯筑，一般保存不好，墙体高出地表0.5～1.5米，底宽5～6米，有的仅可隐约辨识出一条土垄。长城沿线分布的城障遗址较多，奈曼旗有土城子城址、沙巴（善宝）营子城址等；沿线还见有一些烽燧址。在长城沿线的南侧一带，曾发现过不少秦代遗物，在奈曼旗沙巴营子城址出土印有秦诏书的陶量等典型秦代文物，说明秦代沿用了燕北长城。并在此基础上加以修缮利用。

善宝营子古城址位于奈曼旗青龙山镇三一（善宝营子）村东南面500米处，北距长城址有六十余里。李殿福《西汉辽西郡水道、郡县治所初探 兼论奈曼沙巴营子古城为西汉文成县》，考证《汉书·地理志》辽西郡注下的渝水为今牦牛河，西汉辽西郡所领十四县中的新安平县、文成县分别为今奈曼旗境内的西土城子古城和沙巴营子古城。王绵厚《考古学所见两汉之际辽西郡县的废迁和边塞的内徙》，则认为沙巴营子古城为新安平县，西土城子古城为另一西汉县治。

奈曼、库伦旗长城沿线发现有战国燕、秦汉的遗址和遗物。因此这段长城或沿用战国燕长城旧迹，或新筑。据文献记载，秦始皇长城一直延伸到朝鲜境内平壤大同江北岸。可见库伦、奈曼旗秦始皇长城袭燕之旧加修缮使用，西汉亦当沿用，至东汉时期长城亦废止不用。

魏晋北朝时期

　　魏晋北朝时期活动在通辽地区的主要有鲜卑人。鲜卑族是东胡人的后裔，西汉初崛起，南北朝时强大，先后在北方草原和黄河流域建立了若干政权。广袤的科尔沁草原正是他们逐鹿中原前夕聚集养息的地方，所以通辽地区到处都留有他们早期活动的遗迹和遗物。这些鲜卑历史遗存表明，发祥于北方草原的鲜卑民族，以自己的聪明才智和辛勤劳动，创造了丰富多彩的草原文化，为统一的多民族国家的形成和发展做出了贡献。魏晋南北朝时期通辽地区发现和发掘的遗址有古遗址和古墓葬两类，本单元收录的遗址有五处。科尔沁左翼后旗两处，分别是舍根墓地、新胜墓葬群；扎鲁特旗两处，分别是达米花遗址、南宝力皋吐鲜卑墓地；科尔沁左翼中旗一处，为六家子鲜卑墓群。

24 扎鲁特旗达米花遗址

撰稿：闫洪森
摄影：刘伟臣

位于扎鲁特旗道老杜苏木达米花村东北约800米处，西北距扎鲁特旗鲁北镇约35公里，东南距南宝力皋吐墓地约10公里。达米花遗址正南200米有一季节性河流，遗址东侧3公里有通霍铁路，该遗址保存较好。

遗址所处地方当地村民叫为"努论兆"（努论兆为蒙古语，努论为脊梁的意

遗址远景

地表遗迹

思，兆为平又宽，少为高坡的地方）。2007年6～10月，内蒙古文物考古研究所对道老杜苏木达米花村周围的几个遗址点进行了考古调查。遗址东西长约620、南北宽约410米，总面积20多万平方米。地表散落有大量的陶器残片及兽骨。兽骨大多为马骨，有少量狗骨。地表还能看出一排排的灰土圈，应是遗址的房址。遗物均采集于地表，主要为陶片。陶片以泥质陶为主，夹砂陶次之；其中灰色陶片较多，褐色、黑陶片少见，偶见红陶。火候普遍较高，陶质坚硬，只有少数的火候偏低，陶质较软。纹饰较为复杂，采集陶片中以素面和方格纹为多，以各种几何纹为辅，还见重菱纹、水草纹和暗纹，其中较为特殊的纹饰是奔马纹和走马纹。器形有壶、罐、瓮等。

达米花村鲜卑聚落遗址面积较大，采集到的标本比较单纯，虽没有明显纪年的

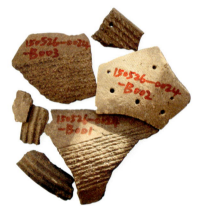

标本

遗物，但时代特征比较明确。陶罐、陶壶、陶瓮分别与科尔沁左翼中旗北玛尼吐鲜卑墓群、科尔沁左翼中旗六家子鲜卑墓群出土的陶器及陶器纹饰有诸多相同之处。科尔沁左翼中旗北玛尼吐鲜卑墓群和科尔沁左翼中旗六家子鲜卑墓群为东汉早期，所以，达米花村鲜卑村落遗址的年代与上述两个墓地的年代相当，该遗址应为鲜卑时期遗址。

‖25‖ 科尔沁左翼后旗舍根墓地

撰稿：闫洪森
摄影：刘伟臣

舍根墓葬位于科尔沁左翼后旗茂道吐苏木舍根嘎查西1.5公里的沙坨中，距茂道吐苏木18公里。在墓地地表上散布着大量残砖、篦点纹陶片等遗物。舍根一带属流动、半流动沙丘。因沙丘流动故常暴露墓葬。墓葬均处于沙丘下面的黑沙土层中。

1975年哲里木盟博物馆（现通辽市博物馆），在科尔沁左翼后旗茂道吐苏木舍根村征集到一些陶器。据当地村民介绍，这些陶器出于该村北边沙丘的墓葬之中。据介绍，墓地的表面还散布着大量的各种纹饰的陶片。墓葬均为石棺墓，多单人

墓地远景

墓，只少数为二人合葬墓。墓中随葬的器物多少不等，有陶罐、陶壶、马具、青铜管等装饰品，有的墓葬中还随葬海螺。

舍根墓地出土的陶器分为夹砂陶和细泥陶两种。陶器有夹砂陶罐，灰色夹细砂，为手制，质地松脆，平底，腹微鼓，表面有竖向磨光的暗条纹。侈口舌状唇，鼓腹，矮颈斜肩。除为个别凹底外均为小平底，颈部均饰以竖向磨光暗条纹。肩部多饰二周旋纹，个别饰一周或三周。陶壶的外表都饰以各种纹饰。除为压磨暗条纹组成菱形网状纹外，其他均为滚压印出的各种花纹。包括八字纹、重菱纹、篦点纹和复式几何纹等装饰。舍根出土的陶器体现出这种陶器文化的统一性和继承性。张柏忠先生认为契丹人的印纹陶（主要是篦纹）是直接继承舍根文化中的滚印纹陶发展起来的，并且也是印纹陶走向衰落的阶段。

舍根墓地的这种印纹陶在通辽地区以及赤峰地区有着广泛的分布，而且自汉代起到南北朝延续了相当长的时间。通辽地区、赤峰地区地处东部鲜卑分地中。根据舍根遗存的时间与空间分布，大致认为舍根文化遗存当是鲜卑文化遗存。

舍根文化的这种以滚压印纹为代表的装饰艺术就成了它的独特的文化特点。而且舍根文化的直接继承者为起源于与舍根文化相同地域的契丹文化。舍根文化应该是东部鲜卑文化遗存。

鲜卑是我国北方历史上的主要民族。鲜卑民族正是在与中原民族的密切交往中结合本民族的生活、文化特点发展了自身的文化，丰富了印纹装饰的内容。而这种东部鲜卑的繁缛的滚压印也正是中原文化在祖国北方草原上激起的粼粼余波。

墓地近景

墓地远景

‖26‖ 科尔沁左翼中旗六家子鲜卑墓群

撰稿：闫洪森
摄影：刘伟臣

　　墓葬位于科尔沁左翼中旗六家子村东南1公里的沙丘北部边缘。六家子村位于科尔沁左翼中旗的西北部。村北1公里是西辽河支流新开河。村南为新开河冲积平原，再向南为沙丘地带。墓地地表为黄褐色沙质土，即植被层，其下为黑沙层，颜色油黑。墓葬分布较有规律，全部为西北东南向，呈西南东北向排列，分为四五排，约30座，墓葬均为长方形土坑竖穴墓。大墓中出土遗物亦较多，且多金银器。小墓出土物较少，有的仅出土一件陶罐。

　　1984年4月，科尔沁左翼中旗希伯花苏木六家子嘎查一处古墓群被风吹开，随葬品暴露于外，墓群遂被破坏。哲里木盟博物馆（现通辽市博物馆）闻讯后，去现场调查，并征集了大批出土文物。

　　六家子墓群中出土遗物包括陶器、金器、银器、铜器、铁器、琥珀、玉器等160余件。陶器，墓群出土陶器26件。分泥质灰陶、夹砂灰陶、夹砂褐陶、泥质褐陶等。大部分陶器表面有纹饰，器形以侈口舌唇壶为主，另有侈口舌唇罐等。侈口舌唇壶，均为细泥质灰或褐陶。形制基本相同，侈口舌唇，束圆颈，斜肩，鼓腹，平底。器表多施纹饰，肩部多施二道凹弦纹或四道篦纹，颈部多施竖向磨光暗纹，腹

遗址远景

部多施压印斜方格暗纹、马纹、八字纹、几何纹等。

金马牌饰，铸造。图案为夸张的马形。作卧马欲起之状。马头甚长，口大张。马耳前竖，马鬃竖起。马身后部有四个铸孔，马尾下垂，较细。马头部与尾部各有一环，环上穿有金链。

双马金牌饰，铸造。两匹马中间连在一起，无臀无尾，头相背，两匹马只铸出头、颈、前足部。腿下部残。二马分别作昂起状，耳朵分别向前，耳后部各铸一环，两匹马眼一为椭圈形，一作菱形，马鬃竖起。

兽形金牌饰，铸造。似狮虎形，低头张嘴吞噬物，颈部有鬃、头顶霞毛竖起，尾巴卷于背后，四蹄爪状。兽头、颈、身、臀部共九个铸出的高圈浅。头顶处铸出一圆孔，腿间、颈下及尾巴卷起部位镂空。

三公镜，紫铜质，外表镀锡，镜面呈凸面，圆钮，缘为斜口式，内圈两侧饰二只夔，钮上下分别置"三"、"公"二字。外圈饰辐射线纹一周。

六家子墓群出土的陶器在通辽境内分布广泛，尤其在新开河流域。六家子墓群中出土的侈口舌唇陶壶是陶器群中有代表性的遗物，与科尔沁左翼后旗舍根墓群出土的舌状唇陶壶相比，前者器形较大，工艺娴熟；后者器形较小，工艺原始。因此六家子墓群的时代当晚于舍根墓群。六家子墓群出土的金器具有典型的鲜卑人特点。六家子墓群中出土的"位

金牌饰

至三公"镜和金银钏、钗、顶针、指环等，多见于东汉晚期到西晋的墓群中。根据上述推断，六家子墓群应该是东汉晚期到西晋的鲜卑人墓群。六家子鲜卑人墓群的发现，对我们认识和研究鲜卑人的历史与文化提供了宝贵材料。

遗址标本

‖27‖ 科尔沁左翼后旗新胜墓葬群

撰稿：闫洪森
摄影：刘伟臣

通辽市重点文物保护单位。

新胜屯位于科尔沁左翼后旗甘旗卡镇南郊，墓地在新胜屯村南1公里。地表经风蚀后暴露出来的黑沙土地上散布着很多陶器残片、残铁器、零乱人骨等。这些遗物均成堆分布，每堆遗物就是一座墓葬，但因其完全暴露，因而被牲畜践踏破坏。这些墓排列有序，共分三排，每排间距4～5米。有两座墓的陶器、人骨均已暴露，但尚未遭完全破坏。由于风蚀作用的原因，现黑沙土地表已

遗址

结成厚约10厘米的硬壳，揭去硬壳即接近墓底，所以墓圹已经无法辨认。

1989年5月，文化部古文献研究室"中国北方沙漠化与人类社会"课题组赴内蒙古哲里木盟（现通辽市）进行沙漠考古调查，在科尔沁左翼后旗甘旗卡镇新胜屯发现该处鲜卑墓地。

墓地采集到的标本有压印奔马纹泥质灰陶片、压印不规则纹泥质灰陶片、单线水波纹泥质灰陶片、泥质灰陶食足、夹砂褐陶食足。绿松石珠等。新胜屯整个墓地当遵循一定的埋葬规则，并且各墓的时间差距不大。墓葬形制为土坑竖穴，死者仰身直肢，头朝西北。有木质葬具，且使用铁棺钉。随葬陶器摆在头部和脚下，口沿均残破。新胜屯墓地陶器种类少，组合为夹砂褐陶大口罐、泥质灰陶侈口壶、敞口壶以及三足食等。泥质灰陶器均轮制，夹砂褐陶器为手制。纹饰多施于泥质灰陶器上，压印纹较发达。

新胜屯墓地文化特征相同或相近的遗存在内蒙古哲里木盟地区（现通辽地区）和辽宁的辽西地区分布比较广泛。见诸报道的有内蒙古科尔沁左翼后旗舍根墓群、科尔沁左翼中旗六家子墓群。这两处遗存均认为该类遗址属东部鲜卑的遗存，因此新胜屯墓地应为鲜卑时期遗址。

奔马纹灰陶罐

奔马纹灰陶罐局部

|||28||| 扎鲁特旗南宝力皋吐鲜卑墓地

撰稿：闫洪森
摄影：刘伟臣

位于扎鲁特旗鲁北镇东南约40公里，属通辽市扎鲁特旗道老杜苏木南宝力皋吐村，西临304国道2公里，南距南宝力皋吐村0.15公里。这里地貌呈半沙化草甸景观，生态植被脆弱，是大兴安岭南麓草原与科尔沁沙地的交会地带。墓地分布在一干涸的湖泊西北坡之上，这一带周围地势开阔，地表平缓。

南宝力皋吐鲜卑墓地是通辽市交通部门在2006年修筑公路取土时发现的，同时墓地已遭程度不同破坏。2007年7月，内蒙古文物考古研究所会同通辽市博物馆对该墓地进行了抢救性清理发掘。

南宝力皋吐发现鲜卑墓葬34座，出土陶器、石器等不足20件，其中陶器10余件，石器5件。墓地沿湖岸东南-西北向分

发掘现场

墓地采集陶片

墓地采集陶片

布，东部由于取土遭破坏，现存形状呈半弧形，残存面积约1200平方米。墓内填土为黄褐色细沙土，未经处理，质地松软。存有头骨者一般头向西北。葬式常见单人仰身直肢葬，未见其他葬式，见有一例双人二次葬，多数墓葬甚至没有发现人骨。

由于多数墓葬经二次扰动，随葬品极少。仅见有陶器、石器和铁器，其中陶器占多数，保存情况一般，大都破损。次为石器，见有磨制的小型石饰件，磨制

精致。铁器仅见铁钉。陶器泥质陶和夹砂陶各半，陶色多黑灰或灰，极少灰褐，陶器烧造火候一般，器壁较厚，器形规整，多见轮制。常见器形有壶、侈口罐和杯，其中壶占绝大多数。器表多施纹饰，少素面，纹饰可分为划纹、拍印纹和戳印纹。

南宝力皋吐发现的这批鲜卑墓葬，从数量不多的出土陶器来看，其质地、造型以及纹饰特征等均与东北地区一些鲜卑墓葬出土的陶器十分类似。如通辽市科尔沁左翼中旗六家子鲜卑墓，赤峰巴林左旗南场家营子鲜卑墓，其出土的陶器有许多共同之处，此外还发现与朝阳十二台乡砖厂采集的几件鲜卑陶器也有某些相同之处，因此确定南宝发现的这批墓葬为鲜卑墓葬。

扎鲁特旗南宝力皋吐鲜卑墓葬出土的部分陶器，制作精美，纹饰别致，是研究当时制陶手工业的重要实物资料。

隋唐时期

隋唐时期活动在通辽地区的主要是契丹族。契丹族是鲜卑后裔。魏晋时出现，隋唐时逐渐强大。通辽地区契丹族的遗迹极为丰富。这些遗存表明，契丹在与中原各族的密切交往中受到深刻影响，并创造了独具特色的契丹文化。近年来逐渐识别出了一些契丹人在建立辽国以前的文化遗存。通辽市境内先后发现了许多以篦纹陶为代表的遗存，但器形不同于经常见到的辽代篦纹陶器，而是沿袭了东部鲜卑印纹陶器的一些因素，成为探索早期契丹文化的重要线索。1977年在科尔沁左翼后旗呼斯淖清理的墓葬中，出土有双耳、扁身、平底的马镫壶。它不同于辽代的鸡冠壶形制。同时出土的盘口壶，是直口大盘，与中原地区晚唐时期的盘口壶相近，因而可以确定这是唐代晚期契丹人墓葬。在通辽市乌斯图与扎鲁特旗乌根塔拉清理的土坑墓，以及荷叶哈达清理的石棺墓，都共存有盘口瓜棱腹陶壶和夹砂凸弦纹陶罐，都是压印有篦纹，而这种陶器在辽代已很少见到，因此它们的时代可能偏早一些，应是契丹人在建立辽国以前的文化遗存。1987年，科尔沁左翼后旗满斗苏木白音塔拉嘎查西流动沙丘上，发现了一座盛唐时期的契丹墓地。本单元收录的有两处古墓葬。即科尔沁左翼后旗的白音塔拉墓和呼斯淖古墓。

29 科尔沁左翼后旗白音塔拉墓

撰稿：闫洪森
摄影：刘伟臣

位于科尔沁左翼后旗白音塔拉嘎查西南1公里沙坨中，东北距科尔沁左翼后旗政府所在地甘旗卡镇约27公里，白音塔拉嘎查南18公里处，有养畜牧河从西向东流过。

1987年4月，哲里木盟（现通辽市）科尔沁左翼后旗满斗苏木白音塔拉嘎查西南1公里，沙坨中发现一座古墓被盗。哲里木盟博物馆（现通辽市博物馆）闻讯

后，立即派人对该墓进行了抢救性清理发掘，并及时追缴了散落在当地群众手中的部分出土文物。

科尔沁左翼后旗位于科尔沁沙地南缘，由于长年风沙剥蚀，水土流失严重，植被稀疏。白音塔拉嘎查西南是一片流动沙丘，该墓就坐落在沙丘之中。墓内出土遗物较多，但由于清理时墓葬已被破坏，

遗址远景

人物神兽纹金花银盘

遗物多散落在当地农民手中。此墓出土的遗物大多为金银器，也有少量的铜器、铁器、陶器、骨器等。

墓葬出土的典型器物有灰陶罐为鼓腹，圆唇，圈足，足底沿外撇。颈部形成二道凸棱纹，酷似竹节。颈肩部饰两圈规整的滚压篦点纹，腹部以篦点纹勾画出大片网纹。此外，出土的海棠形錾花银盘，为椭圆形盘体，通体錾刻鱼子纹为地。盘心在鱼子纹的地上用阴线鉴刻卷草纹，在卷草纹中间是两只瑞兽，前一只瑞兽在奔跑中回首张望，后一只紧紧相随。瑞兽的上下、左右四个边上錾刻四位坐式的人物形象。折边处一周饰连点纹，盘边上捶出一周凸起的连枝海棠花纹，四周各有一只

人物神兽纹金花银盘局部

龙首金链

双鱼形金饰件

錾花金手镯

小鸟展翅飞翔。

　　龙头金链，通体用金丝编缀而成，两端为龙头，龙须、龙眼、龙嘴清晰可辨。此龙全身金色，鳞光闪闪，龙嘴大张，怒目，龙身纤细。其构思巧妙，技法别致，造型生动逼真。从墓室的形制结构看，其圆形、单室、券顶具备早期辽墓的基本特征。从出土器物看，金龙项饰与内蒙古伊克昭盟出土的兽头金项圈、达尔罕茂明安联合旗出土的金龙项饰具有一定传承关系。海棠形錾花银盘的造型和錾花工艺与赤峰喀喇沁旗出土的唐代鎏金鱼龙纹银盘、鹿纹盘的制造工艺，艺术风格大致相同。较多鎏金银马具饰件和鎏金银首饰以及生活器皿等，工艺考究，制作精细，同克什克腾旗二八地一、二号辽墓出土的同类器有许多相似之处。因此根据出土遗物推断，该墓为契丹早期贵族墓葬。白音塔拉墓的发现，对研究契丹族早期葬俗文化及生活提供了新材料。

∭30∭ 科尔沁左翼后旗呼斯淖古墓

撰稿：闫洪森
摄影：刘伟臣

呼斯淖苏木位于科尔沁左翼后旗甘旗卡镇东40公里。墓葬在呼斯淖苏木东北方向0.5公里许的沙崖上。沙崖的上部为流动的黄沙，其下为黑灰色沙土，较坚硬，厚约2米，再下为细颗粒白沙。墓葬上口开于黑沙土层上部，因长期风化，墓葬的一侧已露出底部，部分随葬品暴露于沙崖壁上。

1977年7月下旬发现呼斯淖墓地 通辽市博物馆得知消息后，即派人进行了清理。

墓葬中出土遗物包括陶器，铜器，铁器等。具有典型特征的陶器有黄釉盘口壶一件，黄釉盘口壶一件，冠壶三件，壶一件，盖陶罐一件，铜镜一枚。随葬品中多见契丹族的生活用具，如鸡冠壶、扁壶、

古墓遗址

墓地采集的陶片

长颈斜口壶，以及骨镞等，墓中并随葬羊骨架，这是契丹人的葬俗，再根据墓葬的地点，推断墓主人可能是契丹人。墓中出土的两件盘口壶，表现出唐代前期的风格。壶的釉色与早期唐三彩中的黄釉相同，壶颈部的凸旋纹也是这一时期瓷器的装饰特点。出土的亚方形铜镜为唐代中晚期的典型铜镜。

墓中带盖陶罐亦属较早的类型。张柏忠先生认为此墓的时代在契丹建国之前，相当于唐代晚期。在隋唐时期，唐王朝在东蒙古地区建立了松漠督护府，任用契丹人管理政务。这时中原汉族和北方契丹族的关系十分密切，科尔沁左翼后旗呼斯敖契丹墓就是这一关系的佐证。

鸡冠壶

辽
金
元
时
期

　　通辽市境内的辽代遗存数量众多，其中辽代的墓葬占大多数，出土的辽代文物异常丰富多彩。在辽代的二百余年间，契丹人大力发展农牧业和手工业，兴建城市与交通。因此，通辽市在辽代时期第一次出现田野宜辟，道路纵横，城郭相望的图景。

　　通辽市发现和发掘的辽代遗存有古遗址、墓葬遗址、古城址、石窟寺及石刻等。本单元收录的古遗址有12处，分别是科尔沁区福巨古城址；科尔沁左翼后旗阿布哈遗址、韩州城遗址、前柴达木遗址、伊和浩坦拉遗址；库伦旗灵安州城址、下扣河子古城遗址；奈曼旗西奈曼冶铁遗址、东梁遗址；扎鲁特旗窟窿山遗址、野猪沟遗址、豫州城遗址。古墓葬遗址共10处，分别是科尔沁左翼后旗吐尔基山辽墓；科尔沁区二林场辽墓；奈曼旗辽陈国公主墓、龙尾沟墓群、八里罕沟辽墓群；扎鲁特旗浩特花墓地、寂善大师墓、水泉沟墓群；库伦旗奈林稿辽墓群；科尔沁左翼中旗小努日木辽墓群。石窟寺及石刻3处，分别是扎鲁特旗大黑山人面岩画、扎鲁特旗十八个阿贵洞；库伦旗阿贵山石窟寺。

　　通辽境内对于金代界壕所做的调查研究，是金代考古的一项主要工作。本单元收录的金代古遗址有两处，霍林郭勒市金界壕和扎鲁特旗金界壕。

　　通辽境内的元代遗迹遗物。先后调查和发现的较少。本单元收录的元代古城址是科尔沁左翼中旗腰伯吐古城；古建筑是开鲁县佛塔。

31 科尔沁左翼后旗前柴达木遗址

撰稿：李占杰
摄影：李占杰

通辽市重点文物保护单位。

位于科尔沁左翼后旗甘旗卡镇前柴达木村南500米、伊和布拉格4队东1.5公里。前柴达木村是由蒙、汉等民族组成，人口约1680人，地形地貌多以平原为主，生业以牧业为主，农耕结合的生产方式。地处中温带亚湿润边缘地区，属温带大陆性季风气候。四季明显，春季易干旱、多

遗址东北角

遗址东半部

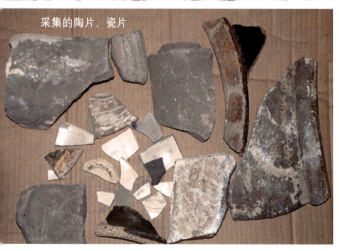

采集的陶片、瓷片

大风天气；夏季温热多雨，秋季温凉少雨，易秋旱；冬季寒冷少雪。沙坨草甸交错、沙丘连绵，以沙地沙丘为主要地貌特征。

前柴达遗址位于平坦开阔草牧场中的21个土坎上，北靠村庄，东、西、北南部均是平坦的草牧场。遗址东西宽200、南北长800米，面积约16万平方米。遗址地表上散布着青砖、残瓦、建筑构件等遗迹，采集遗物有布纹瓦、青砖、乳白釉瓷片、建筑构件、素面灰陶片等，根据遗物分析，断定前柴达遗址为辽代遗存。

科尔沁左翼后旗前柴达木遗址文化层未破坏，遗物较多，面积大保存好，有较高的历史、艺术和学术价值，为辽代经济文化研究提供了真实的资料。前柴达木遗址是科尔沁左翼后旗第三次全国文物普查发现。

32 科尔沁左翼后旗阿布哈遗址

撰稿：李占杰
摄影：李占杰

通辽市重点文物保护单位。

遗址位于科尔沁左翼后旗朝鲁吐镇阿布哈嘎查西北4公里，在一处耕地中，其南、西为坨沼、丘陵和耕地，东北面为一片林地。遗址的西北为开鲁县东来镇。阿布哈村是由蒙、汉等民族主成，人口约726人，地形地貌多以丘陵，生业以牧业为主，结合农耕的生产方式。本地区属中温带亚湿润边缘地区，属温带大陆性季风气候。四季明显，春季易干旱、多大风天气；夏季温热多雨，秋季温凉少雨，易秋旱；冬季寒冷少雪。地貌属堆积平原，由垄状沙丘、平坦沙地、丘间洼地和带壮河谷构成。

遗址远景

遗址东部

采集的陶、瓷片标本

遗址南北长300、东西宽100米，面积约3万平方米，基本长圆形。遗址地表散布着青砖、灰瓦、陶片等遗存物，采集标本有乳白釉瓷片、篦点纹灰陶片、绿釉鸡腿瓶底、器底等，另见有嘉庆通宝，根据遗物分析，断定阿布哈遗址为辽代遗存。

阿布哈遗址文化层未破坏，遗物较多，面积大保存好，有很高的历史、艺术及学术价值，为辽文化研究提供了真实的资料。阿布哈遗址是科尔沁左翼后旗第三次文物普查发现。

33 科尔沁左翼后旗伊和浩坦拉遗址

撰稿：闫洪森
摄影：刘伟臣

位于科尔沁左翼后旗阿都沁苏木伊和浩坦拉村东北约0.5公里处，西北距科尔沁区65公里，西南距科尔沁左翼后旗卡镇约120公里。遗址东西长1.5、南北宽约1公里，发掘地点处在林带与耕地之间，地表东北高西南低，常年的农事活动对遗址破坏严重，地表上有大量的陶片、沟纹砖、板瓦等遗物。这一地段的地貌是科尔沁沙地和科尔沁草原地带的交接处，往北是辽河流域的平原，往南是典型的科尔沁沙地的特征。

2009年4至6月，内蒙古自治区文物考古研究所为配合长春—深圳公路的修建，对该遗址进行发掘。出土大量陶片，有少量瓷器、石器、铁器、铜器、银器、蚌器、建筑构件、骨器，另有一些动物骨骼等。

遗址远景

遗迹

遗迹

　　根据发掘遗迹现象和出土文物综合分析认为，该遗址建于辽代中晚期，沿用至清代，未见金、元时期遗物和遗迹。因此遗址的第一期文化是辽代中晚期遗存，随着辽代的灭亡，遗址也被废弃。第二期文化为晚清时期遗存。该遗址的发掘，为了解这一地区游牧民族的生产生活等情况提供了可贵的资料。

34 ▥ 奈曼旗西奈曼冶铁遗址

撰稿：闫洪森
摄影：刘伟臣

内蒙古自治区重点文物保护单位。

位于奈曼旗大沁他拉镇西，奈曼营子村东南20米的沙坨中，遗址与村子相连，面积大遗物堆积厚，东西长600、南北宽100米，文化层厚度0.3～0.5米，地表散布着大量的铁器残块，冶铁炼渣、木炭等，周边散布有泥质灰陶片、铁焦。根据遗物分析认为西奈曼遗址为辽代时期一处

遗址

遗迹

冶铁遗址。这里发现冶铁遗址，证明附近有森林可资烧炭冶铁，也能外运铁矿石来此冶炼。这一带当时生长着茂密的森林。《辽史》："龙化州之东就有森林，名日满林。辽太祖于林侧金铃岗受尊号，故改满林为册圣林卿"。实际上龙化州之东，东南到西南的老哈河中下游地区都布满了森林。公元1020年宋使臣宋绶使辽时，在土河中下游渡河，宋绶所见的景象也是"少人烟，多林木"。由此可见，这一地区是辽代重要的铁器生产地。

多年来在出土的辽代文物中发现了大量的铁器，可见契丹的冶铁技术是非常高超的，在通辽市境内的奈曼旗大沁他拉镇西奈曼营子村发现有大量的冶铁矿渣，这些都说明契丹是一个冶铁技术高超的民族，《金史·太祖纪》载："辽以镔铁为号，取其坚也。"无疑契丹有很好的镔铁炼制技术。

35 ▎奈曼旗东梁遗址

撰稿：李·乌力吉
摄影：刘伟臣

奈曼旗重点文物保护单位。

位于奈曼旗新镇博等沟村，东梁自然村东1.5公里处的漫岗上，西北距奈曼旗大沁他拉镇约70公里。地势大致呈北高南低，坡度较为平缓，与遗址临近地带大部分已辟为农田。

2009年4~5月为配合巴彦乌拉至新丘铁路建设工程，内蒙古自治区文物考古所会同奈曼旗博物馆联合组成巴新铁路考古队，对东梁遗址进行了抢救性考古挖掘。发掘面积750平方米，发现遗迹有灰坑1座、灰沟3条。出土大量的陶器、瓷器残片和少量的铁器、兽骨等。

东梁遗址地层堆积较为简单，文化层

遗址全景

陶片标本

分为两层，但遭自然侵蚀较严重，大部分已损毁。出土的陶器有罐、盆、瓮、棋子等，陶器均为泥质陶，多灰色，制法皆为轮制，火候较高，质地坚硬。瓷器有碗、钵两种。铁器供有镢、骨朵、铁钉。

根据地层堆积及出土遗物分析，初步断定东梁遗址应为辽代中期村落遗址。该遗址的发掘为通辽市奈曼旗的历史分期提供了有价值的实物资料，为研究通辽奈曼辽代时期人类的生活方式、经济类型及文化面貌等提供了新的信息。

36 扎鲁特旗窟窿山遗址

撰稿：闫洪森
摄影：刘伟臣

内蒙古自治区重点文物保护单位。

位于扎鲁特旗鲁北镇东北50公里，南距嘎亥吐镇政府所在地6公里。窟窿山视野宽阔，天然次生林景观保存完好，山高林密，奇洞奇石林立，山脚下有一条小路直通山顶，山东侧2500米有一条小河。窟窿山（金门山）山顶上矗立一块宽约3.8米，高2.7米的方形巨石，巨石当中有人工开凿的直径2.2米的圆形窟窿，窟窿山便因此而得名。根据遗址周围地表遗迹现象和出土文物综合分析认为，此山之窟窿以及穿透洞乃辽代开凿，大概与契丹人的宗教信仰有关。

由于窟窿山形状奇特，几百年来，被当地百姓奉为神灵，跪拜祷告求福避灾之人络绎不绝，山脚下有许多辽代建筑遗址，山南坡有四十多座辽墓；山东南脚下，清代曾建有两座喇嘛庙。转过

窟窿山保护区喇嘛庙遗址

窟窿山全貌

崖壁上的方洞

窟窿山山顶

山脚便是辽代村落遗址，三十余座房屋遗迹清晰可辨。

窟窿山海拔666.7米，遗址视野宽阔，这里山体陡峭，植被良好，柞树、榆树、杏树等葱郁碟密，风景优美，山下流水潺潺，小路弯弯。加上历史上建有庙宇的原因，是宗教信仰的圣地。奇石奇洞亦有美丽动听的传说，构成了独特的自然景观和人文景观，闲暇时人们怀着治病强身，向往美好生活的心愿到此观光旅游。

站在窟窿山上，方圆百里的风光尽收眼底。碧蓝的天空朵朵白云游动，远处的山峰重峦叠嶂，弯曲的小路如一条巨龙在大地上游动。窟窿山，民间流传着一段段美丽动人的传说，已经与扎鲁特旗的历史、民俗、民间文学、民族心理紧紧联系在一起。因此，扎鲁特旗窟窿山及相关遗址具有较高的历史价值和独特的文化价值，同时也是宝贵的文化旅游资源。

窟窿山保护区山中部的崖壁

‖37‖ 扎鲁特旗野猪沟遗址

撰稿：金海英
摄影：金海英

通辽市重点文物保护单位。

位于扎鲁特旗巨日河镇后堡村（又名野猪沟）西5公里，遗址地处山坡面上，四面环山，山上长满山杏树，由于水土流失导致该遗址被损毁。遗址南北约为85、东西约58米，占地面积约为5000平方米，文化层厚约为0.8米。

野猪沟遗址地表上散落莲花石座、青砖、布纹瓦、石器、素面灰陶、及建筑构件等。其中"莲花纹石座"呈方形，长宽均为60、厚约18厘米，用青石凿刻而成，系建筑基石。石座上面雕刻12瓣莲花纹，雕刻技术十分精湛，形态自然逼真，石臼直径约60、深约40厘米，口沿处有残。

遗址南侧筑有城墙，城墙高出地面约0.5、宽约1米，东西长度100米。遗址四周是农民开垦的耕地。根据据地表遗迹现象和出土文物综合分析认为，断定野猪沟遗址是一处辽代遗址。

野猪沟遗址是2008年扎鲁特旗第三次全国文物普查发现。扎鲁特旗野猪沟遗址对于研究当时的社会现象和文化内容，有着深远的意义和影响。

莲花纹石座

遗址远景

地表遗迹

全景

⫼38⫼ 科尔沁左翼后旗韩州城遗址

撰稿：闫洪森
摄影：刘伟臣

国家重点文物保护单位。

位于科尔沁左翼后旗查日苏镇城五家子嘎查村南500米。城址所在地地势开阔，塘泥河自北经东西城墙向西南流去，成为该城的天然护城河。城墙为夯土筑，细密坚实。韩州城遗址有塘泥河流过，地处一片狭长的小平地，水草较好，但城西即为连续不断的大沙丘，其他三面均临近沙丘，总的来看，是一座被沙丘淹没的古城。

金人王寂《辽东行部志》记载，早期韩州在辽水之侧因苦于风沙东迁。1976年，吉林省考古研究所对韩州城址进行试掘。据史料记载，韩州在历史上曾有过"三迁四治"。关于韩州的迁与治，多年来，中外学者进行了详实地考证，但一直未有定论。1979年，段一平先生又将当年的野外调查资料进行核实，遍查文献中有关韩州的记载，完成了《韩州四治三迁考》一文，从地理上确定了韩州四处州治所在的具体地点。第一治所：通辽市科尔沁左翼后旗浩坦乡五家子古城。韩州城遗址呈正方形，东、西墙均长700米，北墙长685米，南墙长695米。各墙中部各有一豁口，当是城门址。门外有瓮城遗迹，

北门瓮城门东向，南门瓮城门西向，东西瓮城门均南向。在四墙壁每隔30～50米，有一突出城外的土包，当为"马面"，总计23处。墙垣夯筑，残高2～3米。西墙保存较好，南墙稍差，东墙已平为车道。北墙两端有高约4米的台基，当是角楼的痕迹。东墙北段有护城河堤，南段则利用东北来的塘泥河成天然壕堑。塘泥河沿墙南下，到东南角折而向西。城内中部偏北有三处高台建筑，上面遍布有残砖碎片，和兽面瓦当、沟纹砖、雕龙的建筑饰件等，可见当年的屋宇建筑是相当宏伟壮观的。城内建筑遗址三处，为官署遗迹。城内出土过大量的辽金时代的遗物，出土兽面瓦当、六耳大铁锅、黑釉鼓腹小口瓮、仿定白瓷盘及元祐、大观、政和等北宋年号的铜钱等一大批辽金时期的遗物。近年调查又发现并出土了灰色篦点纹陶壶、灰陶鸡

遗址城东墙

城北门一角

冠壶、黑釉鸡腿瓶、辽三彩盘、铁刀、铁马镫、银镯和"开元通宝"、"宗元通宝"、"皇宋元宝"、"建炎通宝"等文物。现在踏进城内，随处可见青砖、灰色布纹瓦、灰色沟纹瓦、灰色兽面瓦当及三彩瓷片等。

韩州建于辽代，其前身为三河、榆河二州，辽代圣宗耶律隆绪（983～1030年）时，并三河、榆河二州为韩州，从此开始正式有韩州之称。韩州是直接隶属于皇帝宫卫的延昌宫管辖，下领柳河一县，金代时又增加临津一县，共有15000余户

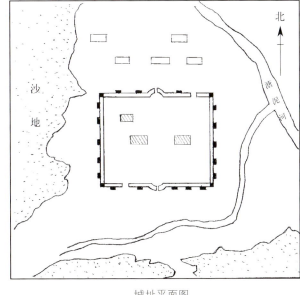

城址平面图

居民，是当时较大的一个州。

据《辽东行部志》记载，还有在辽水之侧常苦风沙的韩州。文献记载，最初的韩州城在"辽水之侧"。虽未明确说在辽河的那一侧，但从常苦风沙这一点就告诉我们是在辽河的西侧。这是自然风向和地理环境特点所决定，古今一样，正因为是常苦风沙，就绝不能再向辽河之西，又常刮西南风的大沙漠中迁移，而只能向东部辽河流域的冲积平原迁移。这样就可以确定，辽置的第一个韩州城是在辽水的西侧，在靠近沙漠附近的地方。城五家子古城正好在辽河西侧，东距辽河40公里，此处与辽河东侧的八面城恰好在一条由西向东的直线上。

韩州乃辽代重镇，它曾三迁治所，此韩州城遗址为最初的治所。韩州城是契丹族活动的辽北重镇，在当时军事和交通上具有举足轻重的地位。

‖39‖ 科尔沁区福巨古城址

撰稿：闫洪森
摄影：刘伟臣

通辽市重点文物保护单位。

位于科尔沁区莫力庙苏木福巨嘎查北4公里的沙丘中。遗址东西800、南北800米，基本呈正方形，总面积64万平方米。遗址有一段夯土古城墙呈东西走向，绵延200米，呈现一排高低起伏的土包。北侧

遗址近景

耕地和西南高岗处地表遗迹密集。遗址内采集有布纹瓦、筒瓦、板瓦、青砖、篦点纹陶片、灰陶片、绿釉瓷片等，遗址内地表暴露建筑构件较多。在遗址东部还发现了一座古寺庙遗址，城外地表还有很多遗迹遗物。

福巨嘎查有村民200余户，多为蒙古族。属半农半牧地区。土地相对贫瘠，因此经常有在遗址内开荒耕作现象。根据遗址地表遗物分析，科尔沁区福巨古城址应为辽代城址。2011年4月福巨嘎查村民在平整土地时，在古城遗址边缘东部发现一处古砖窑遗址。

福巨古城址的发现对于研究研究辽代城址布局提供了宝贵的实物资料。该城址的发现对研究辽代北方少数民族历史、文明程度有着重要的意义。福巨古城址为科尔沁区第三次全国文物普查发现。

采集的陶、瓷片

地表遗物

地表遗物

‖40‖ 库伦旗灵安州城址

撰稿：闫洪森
摄影：刘伟臣

国家重点文物保护单位。

位于库伦旗扣河子镇黑城子村所在地，东北距库伦旗库伦镇54公里，东南距扣河子镇8公里。灵安州城址因发现了"灵安州刺史印"一方进而知黑城子古城即是辽代的灵安州城。

1975年5月吉林省进行第一次全国文物普查，对库伦旗灵安州城址进行了调查。1988年5月内蒙古进行第二次全国文物普查时对古城遗址进行了更详细的全面复查。

灵安州城址规模较大，城墙较高。由于城内土地长期耕种，南墙已被村落民宅占用，东墙破坏较重，北墙也因风蚀和流

灵安州城址

水破坏，而北墙残存的几座马面和瓮城保存尚好，最高处达20米。唯西墙保存最好，但城墙的高度也因西城外风沙淤积而失去了原来的高度。数十年来，城内辟为耕地，对地貌破坏十分严重，建筑基址多已无法辨清，较明显的是南门与北门相对有一条直街，与东门内的一条大街垂直，形成城内"十"字形街道。东门大街南北两侧有排列较为整齐的建筑基址。城内靠西墙正中有一高台建筑址，南北长60、东西宽30米，高出地面2米。台基上散布着许多绿釉瓦、沟滴、青砖、灰色布纹瓦等建筑构件。

"灵安州刺史印"铜印文

古城内，中部以南建筑较多，砖瓦、石块及各种陶片、瓷片遍地皆是。古城内不但陆续出土了莲花瓦当、兽面瓦当、龙纹瓦当、方砖、条砖、筒瓦、板瓦、琉璃滴水等建筑构件，还有龙爪、兽头、凤尾等陶构件。出土过影青瓷碗、白瓷盘、定瓷盘、铜画押印、铜双鱼佩饰、石臼、石佛等文物。出土的紫铜阳刻九叠篆文"灵安州刺史印"一方，成为确定"灵安州"古城的唯一佐证。与古城遥相呼应，相映生辉的是城西官山主峰上的寺庙址和三个人工开凿的石洞，即大喇嘛洞、二喇嘛洞和三喇嘛洞。

"灵安州刺史印"铜印

据城中所得遗物和遗迹推断，此城始建于辽代，金元沿用，此后废弃。"灵安州刺史印"在古城中的出土，即可断定此城为灵安州。灵安州《辽史》失载，《宋史》亦无记载。

灵安州城址是辽代考古史上的一次较大发现，具有十分重要的历史价值。

灵安州城址

遗址全景

▌41▐ 库伦旗下扣河子古城遗址

撰稿：闫洪森
摄影：刘伟臣

通辽市重点文物保护单位。

位于库伦旗库伦镇东约16公里，三家子镇下扣河子南约200米，北距养畜牧河2公里。下扣河子古城址位于新开河与养息牧河汇流的三角地带。东西两侧均为乡间路，北侧为下扣河子村及村中公路。城址内地势平坦，土地肥沃，适于耕作，古城现已辟为农田。城址东西两侧为乡间路，东侧城墙因修筑乡间路损毁严重。城墙东、西两侧为林带。城址地表散布大量泥质陶片、篦点纹陶器残片及布纹瓦、青砖等遗物。

下扣河子古城位于陈国公主墓地东偏北，距离约90公里，此城可能是萧昌

古城址全貌

地表堆积的砖瓦

裔与韩国公主的头下城渭洲。城址略呈正方形，南墙长550、北墙长500、东西墙长450米。城有二门，东门为瓮门，位于东墙东部；南门位于南墙中部，也是瓮门，门宽13米，瓮城宽30、长46米。城内地势平坦，地表散布大量辽金瓷片。城内可辨七排东西向的建筑基址，在第三排到第七排建筑上多散布陶片，瓷片少。从遗址上散布的遗物看，第一、二排建筑为城内主要建筑，可能是官署。第三到第七排建筑是平民住宅。这七排建筑遗址的分布来看，整个建筑偏居城址的东侧。城西侧，约占全城四分之一的面积，极少见到遗物。城内有两口井，1号井位于二、三排建筑物的东侧，2号井位于四五排建筑物的东侧，两井均未垒筑井壁。根据发掘遗迹和出土文物分析，此城为辽代城址。

采集的陶片标本

42 扎鲁特旗豫州城遗址

撰稿：闫洪森
摄影：刘伟臣

全国重点文物保护单位。

位于扎鲁特旗巴雅尔吐胡硕苏木别日木吐嘎查东北三公里处，城址东、西、北三面环山。

豫州城城址为长方形，呈西北东南向，周长1540米，南、北、西和东北角各开一门。城墙保存完整，墙残高2.5至3.5米不等。城墙倒塌后宽22～25米不等。城内建筑遗迹较多，内部台基最高距地表3米，最大台基南北23、东西24米，建筑基址间有道路痕迹，城址中间有一口水井。在城址东北角，距城墙120米处有庙宇遗址。庙宇坐北朝南，南北长160、东西宽90米，内有大量的残砖瓦和柱基石，距庙址20米处有等距离排列的小型石堆围在庙址周围。城外西北距北墙约50米处有一东西长约150、南北宽70米的遗址，遗址上面偏东部有一个直径约15、高约2.5米的圆形土堆，土堆上有大量的砖块、瓷片、彩釉陶残片等遗物，当为建筑基址。

豫州城遗址1975年被发现。为辽代横帐（即皇族）陈王的私城，著名的头下军州城址之一。《辽史·地理志》中所载的"豫州"，是横帐陈王牧地，据资料考

遗址全貌

遗址远景

证，可知该城主人陈王就是被赐予耶律姓的辽代大贵族韩德让的弟弟韩德崇及其儿子韩制心，在辽时期的朝廷内地位显赫。距辽代豫州城遗址仅一山之隔，1995年发现了辽圣宗淑仪赠寂善大师墓。辽寂善大师淑仪耿氏墓出土的墓志记载："淑仪耿氏，礼葬于誉州东，赤崖之北"。这里的誉州，当是《辽史》中记载颇简的投下军州——豫州。

辽代豫州城时隶属辽代上京道临潢府管辖，是辽代政治、经济、文化都比较发达的地区。辽豫州古址历来无考，因此辽豫州城遗址的发现，可补辽史之缺，意义重大。

遗址出土的六耳锅

遗址全貌

43 科尔沁左翼后旗吐尔基山辽墓

撰稿：闫洪森
摄影：吴克林　崔晓华

国家重点文物保护单位。

位于科尔沁左翼后旗毛道吐苏木大吐尔基山东南麓的山坡上，西北距通辽市约50公里，南距吐尔基山水库行政村约1公里，西北为哲里木盟采石矿。

2003年春，采石场工人取石时发现了该墓葬，内蒙古治自区文物考古研究所与通辽市博物馆组成考古队对墓葬进行了考古发掘。

吐尔基山辽墓为石室墓，由墓道、墓门、甬道、主室及左右耳室组成，方向115°。墓道为斜坡墓道，长48米。两壁用打磨过的石块垒砌，残高约11米。石块间用黑胶泥粘合，外侧亦抹有黑胶泥。靠近墓门部分抹有白灰面，北壁及墓门上方有壁画，均采用白描手法，用黑线勾勒出猛兽形象。南壁亦有绘制壁画迹象，但由于破坏严重只存部分痕迹。墓道内堆积有大量石块，并发现有盗洞一个。靠近墓门处有一层层垒砌的封门石。墓门为长方形，由一扇石门封堵。石门由整块巨石凿成，高2.06米，宽1.5米，厚0.45～0.5米。由于体量非常大，无法用机械设备移走，给发掘工作带来很大难度。最后由20多个人用绳子将石门拉倒并拖出墓道。

远景

墓门与墓室之间由甬道连接。石门打开后，甬道内有半米多厚的淤泥。甬道中间有一道木门，两扇对开。每扇木门上各有上、中、下三排整齐的铜鎏金泡钉，每排六个。中间一排泡钉上侧中部有一对铁铺首，上有铁锁一把。木门前地上散落有大量铜铃、铜泡等构建。甬道长2米，宽1.38米，高1.5米。主室近于正方形，长3.92米，宽3.7米，高3.36米。叠涩顶，从距墓室地面约1.6米处开始叠涩起顶。墓室四壁抹有白灰，并有壁画，红、黑两色。藻井直径1.78米，上面绘有太阳及月亮图案。太阳为红色，中间用黑色绘一只飞鸟；月亮轮廓用墨线勾勒，中间绘一桂树及玉兔。藻井中心原镶嵌铜镜，清理主室时在地面上发现脱落铜镜。耳室位于墓室的前部，呈长方形。左耳室长1.36米，宽0.9米，高0.98米；右耳室长1.3米，宽

0.86米，高0.99米。左右耳室均有木门，两扇对开。每扇木门上各有上、中、下三排整齐的铜鎏金泡钉，每排三个。

葬具位于主室内，靠近墓室墙壁摆放，有卯榫结构的柏木外棺、内棺及棺床。外棺长2.31米，宽1.3米，高1.05米，棺板厚约10厘米。彩绘，以红、黑两色为主色，外表雕刻有仙鹤、凤、缠枝牡丹、祥云等图案，其中仙鹤、凤以及部分牡丹花叶子为贴金。棺体上有大量铜鎏金泡钉，两侧各有三个大的铜鎏金衔环兽首，四周悬挂大量鎏金铜铃。在棺盖顶部还有三个葫芦形铜鎏金饰件，下面有铜鎏金花瓣纹圆座。棺首有一个小门，门上有铜锁，锁上悬挂钥匙。门两侧为窗户。在门、窗之间各站立一位男性侍者。侍者面部丰满，身穿传统契丹赭色长袍，长袍上有贴金团花或禽鸟图案，手持骨朵，面向小门而立。外棺内有内棺，棺盖正面有三个贴金团龙纹图案，棺两侧各有一对贴金飞凤图案，神态生动。内外棺之间夹有丝织品。棺床为须弥座式，外表彩绘，长2.56米，宽1.48米，通高1.07米。共有八层，上部有栏杆，首部开门。栏杆上装饰有六只蹲坐的铜鎏金狮子，棺首四只，棺尾两只。栏杆下装饰有上下两排铜铃。棺床外面中间有六组贴金对凤纹，凤对首展翅飞翔，周边饰有云纹图案，有的对凤中间饰火珠纹。棺床首部有通往地面的"天梯"，与外棺首部门相对。

墓主人平躺在内棺中，全身盖有丝织品，头戴有棉帽，内有金箍状冠，梳两根辫子，盘于头顶，外面还包有贴金纹饰的丝织品，外罩一金箍，上面饰花鸟纹。头两侧有鎏金银牌，牌饰上錾刻鱼子地牡丹

主室局部

吐尔基山辽墓门

墓门锁

图案，下面五串流苏，每串又有七个小饰件。耳上带摩羯形嵌宝石金耳坠，颈部挂三条由玛瑙、黑水晶、镂空金球串成的带香囊的项链。身穿十一层丝质衣服，外面六件带袖，左右衽，系如意扣，里面五件为无袖罗裙，上面绣有精美图案，在第七层一件保存完好的罗裙上发现了带有晚唐风格的对凤图案。双手戴有手套，外面戴

彩绘木棺及棺床

金戒指，左手三个，右手两个，有的戒指为玛瑙面，上伏金蟾状瑞兽，瑞兽背部镶嵌有绿松石。手臂上有龙首金镯、玛瑙手链。腰部有两件荷包，腿部有两个针

线包，两肩上各有一块圆形金银饰牌。圆形金牌饰上錾刻三足乌、祥云图案，象征太阳。圆形银牌饰上錾刻嫦娥、桂树、玉兔图案，象征月亮，这与墓室顶部发现的绘有日月图案的壁画如同一辙。脚和膝盖部位有铜铃，左脚边有缠绕非常整齐的鞭子。另外，在棺内还发现有大量水银。

棺床前置有漆案，上面摆放着金银器、玻璃器、漆器等。漆盒有贴银、贴金或包银装饰。高脚玻璃杯质地精良，晶莹剔透。在墓室的右半部出土有包银木马鞍、马镫、带饰、牌饰等；左半部出土了大量金银器。鎏金铜牌饰上錾刻着十分精美的乐舞图案，有击鼓、吹笛、吹笙、吹排萧、弹琵琶等。银器有银盒、银筷、银壶等；金器有单耳八棱金杯、针等。其中龙纹錾花银盒和狮纹錾花银盒上錾刻有栩栩如生的金龙和双狮以及鸾鸟等图案，金杯上錾刻有形态各异的人物和动物图案，均十分精美。

吐尔基山契丹女贵族复原像

墓葬内出土了大量珍贵遗物，这些遗物主要出土在主室内，其次是内棺中，有金器、银器、铜器、漆器、木器、铁器、马具、丝织品，以及玳瑁器、玛瑙器、水晶器、玻璃器等。出土器物中乐器类或与乐舞有关的占有较大比例。左耳室出土了一些瓷器、银器和漆器，右耳室只出土了一些烧骨和一铁柄银铛。

　　金器有杯、戒指、耳坠、牌饰、手镯、针等，银器有盒、壶、牌饰、带饰、盖碗、盘、盆、筷子、匙、号角、铛等，铜器有铎、铃、铜泡、铜镜等，木器有彩

内棺

器物出土情况

外棺彩绘

发掘现场

鎏金铜铎

高足玻璃杯

金嵌墨玉松石耳坠

扇形漆盒

银鎏金嵌宝石漆盒及铜镜局部

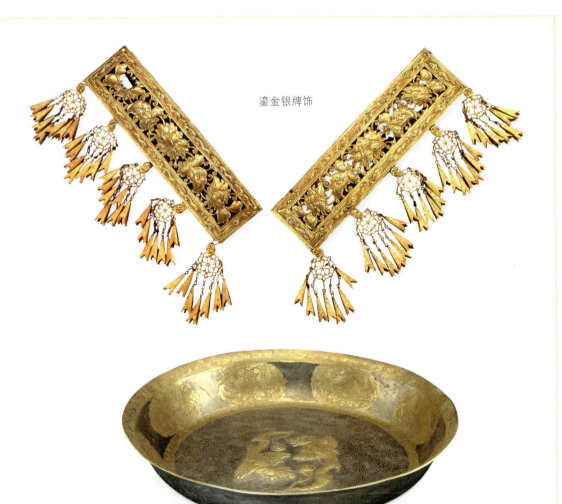

鎏金银牌饰

摩羯纹金花银盘

摩羯纹鎏金银盆

金花双鱼纹银盒

双狮纹鎏金银盒

八曲人物纹金杯

棺、枕、垫肩等，漆器有案、盒等，马具有笼头、璎珞、鞍、马镫、盘胸、后鞧、配饰等，瓷器有罐、碗等。另外，还有玳瑁勺、玛瑙骨朵、手链、水晶饰件、玻璃杯、铁刀等。金银器多采用锤鍱、錾刻、镶嵌等工艺，银器、铜器多鎏金。这些遗物制作精美，工艺十分考究，堪称精品。

根据墓葬出土人骨的骨盆判断，墓主人为女性。经过对头骨、牙齿、椎骨、齿骨联合面和肢骨的分析，墓主人属于北亚蒙古人种，身高约159厘米，年龄在30～35岁之间。

根据墓葬形制及出土遗物分析，该墓葬年代为辽代早期，是目前内蒙古地区发现的年代最早的契丹贵族墓葬之一。从墓主人随葬的华丽服饰、描金彩绘漆棺、大量金银器和珍贵玻璃器皿等可以看出，墓主人是一位身份极高贵的契丹族女性。该墓葬发掘被评为"2003年度全国十大考古新发现"之一。

‖44‖ 奈曼旗龙尾沟墓群

撰稿：包思洋
摄影：卫子儒

通辽市重点文物保护单位。

位于奈曼旗青龙山镇卧龙泉村龙尾巴沟西2000米的青凤山坳里，东西宽100、南北长400米，面积为4000平方米。墓群所在为东南、西北向，深沟南北两侧坡上多为青石山体，坡下及沟内多由黄土质及石质构成。地表部分墓葬遭盗掘破坏，被盗辽墓十余座，多为石室、砖室墓。墓群在伪满洲国时期墓掘猖獗，后来又遭多次人盗挖，损毁严重，形制结构不清。墓地周围散布有大量的沟纹砖、瓦等。奈曼旗青龙山镇附近已经发现有多处辽墓群，龙尾沟墓群也属于同一时期墓群。

地表遗迹遗物

盗坑

墓地一角

　　龙尾沟墓葬分布范围较广，墓群东南距龙泉子村龙尾巴沟2000米，当地人称"王坟，交通不便。"龙尾沟墓群周围遍布松树、山榆、杨树等，植被生长茂盛，沟两侧向上为山梁，山体为青石。

　　龙尾沟辽墓群为该地增添了浓郁的人文气息。该镇以契丹文化为内涵、历史古迹为重点、名胜景致为特色，打造集文化、休闲、度假于一体的旅游文化品牌。青龙山洼、陈国公主墓、龙尾沟、八虎山庄四大景点构成奈曼旗旅游目的地之一。

　　奈曼龙尾沟墓群的发现为研究奈曼辽代时期的政治、历史、文化和葬俗等具有十分重要的价值。

45 奈曼旗八里罕沟辽墓群

撰稿：包思洋
摄影：卫子儒

通辽市重点文物保护单位。

位于奈曼旗青龙山镇向阳所村八里罕沟自然屯西南100米处，东西长500、南北宽300米，分布面积15万平方米。东、北、西三面群山环绕，距陈国公主与驸马合葬墓6公里。八里罕沟墓群中间有一条深约十米的沟，沟内多杨树，沟外山顶为松树林，周围植被较好，墓群南面为河床。

奈曼旗八里罕沟墓葬遭盗掘破坏，可见墓葬形制为砖室墓和石室墓。奈曼旗王府博物馆从被盗墓葬中清理出土一座柏木棺床小帐，并追缴回一批辽代的瓷器，有青瓷葵口碗、白瓷壶、白瓷盘等。

八里罕沟辽墓群地表散布大有量辽代的青砖、布纹瓦等。东西墓葬排列数目不详，从盗掘情况看，南北即上下至少五层顺序排列，有砖室墓和石室墓，曾经挖出一条辽代胡人吹奏玉腰带饰，清理出一座柏木棺床小帐，追缴回一批辽早期青瓷葵

墓群全景

棺床小帐

金面具

口碗、温酒器、执壶、盘等。

　　奈曼旗八里罕沟辽墓群的发现对研究辽代的历史、经济、文化、科技、手工业及契丹民族习俗、丧葬制度等均提供了新的资料。

瓷器

‖46‖ 奈曼旗辽陈国公主墓

撰稿：闫洪森
摄影：刘伟臣

墓葬全景

全国重点文物保护单位。

位于通辽市奈曼旗青龙山镇东北10公里斯布格图村西的山南坡上。1985年6月，在斯布格图村西北兴建水库过程中发现该墓葬，1986年6月6日，内蒙古自治区文物考古研究所、通辽市博物馆（原称哲里木盟博物馆）、奈曼旗王府博物馆联合对该墓葬进行了发掘。

陈国公主墓是多室壁画墓，墓全长16.4米。由墓道、天井、墓门、前室、东耳室、西耳室和后室七个部分组成。墓道为斜坡阶梯式，两壁上宽下窄。墓道两壁抹草拌泥，并有彩绘壁画。天井东西略呈长方形，前接墓道，后通墓门。墓门砖砌，呈拱形，宽1.93米，高2.65米。门上部砌成仿木结构的屋檐建筑，通高4.42米。屋檐正面采用砖雕及影作手法构筑。门额左右两侧各绘有彩色牡丹花图案。

近景

公主、驸马合葬情况

陈国公主墓志盖

墓志石

墓门两侧有砖砌凸出的倚柱，上承柱头斗栱。前室呈长方形，券顶，南北长3.48米，东西宽1.92米，高2.65米。前室正中稍偏南放有墓志一方，并随葬大量生活用品，有瓷壶、鸡腿坛、瓷碗、瓷盘、银带、铜锁、铜钥匙、木围棋子、银盏托等，并发现羊头骨1堆。

东、西耳室建造于前室两侧，平面呈圆形，券门，立壁从1.34米起券，叠涩穹窿顶。东耳室直径1.58米，高2.43米。西耳室直径1.62米，高2.3米。东耳室随葬有瓷碗、瓷盖罐、玛瑙盅、水晶杯、银壶、银盏托等。西耳室随葬马具、瓷盆、木鸣嘀、仪卫木杆等。

后室平面呈圆形，叠涩穹窿顶，中部用一圆锥体巨石封堵，白灰灌封。后室直径4.38米，高3.97米。门与前室门形制相同，宽1.93米，高2.1米，门扇对开，有铜锁。门框上钉有鎏金铜合页，以连接门扇。后室内随葬有玻璃瓶、玻璃杯、玻璃盘、玛瑙碗、玉砚台、银托盘、木鸡冠壶、木俑、水晶串珠、蹀躞带、錾花铜盆、铜镜等。

后室内紧靠后壁有尸床，用条砖横平错缝垒砌5层，正面长2.6米，最宽处1.47米。正面左右侧壁及小龛内有彩绘图案。尸床上仰面放置公主和驸马的遗骸，身上所穿丝织衣物已腐朽，但原穿戴的金、银制品及佩戴的各种饰件仍留存于原位。

尸床上铺柏木铺板，铺板用薄木板拼接而成。铺板上铺褐紫色织金褥垫。尸床北侧横置长2.39米、宽0.15米、厚0.1的木板，上面并排凿有7个间距相等的长方形榫眼。为尸床上的帷幔式床罩。在尸床东部还发现一些丝织品。在尸床和供台周

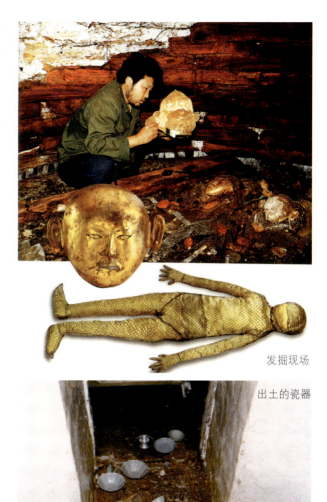

发掘现场

出土的瓷器

围，发现有大量的银流苏，可见尸床上当时还悬挂有帷幔。

公主与驸马的遗骸头东脚西，仰身直肢，直接放置在铺板上。公主和驸马头枕银枕，头戴鎏金银冠，面覆金面具，身罩银丝网络，足着银靴，胸佩琥珀璎珞，束带。在尸床的东北角有一大卷丝织品。

壁画

公主头戴珍珠琥珀头饰，颈戴琥珀珍珠项链，手腕各戴一对金镯，每个手指各戴1枚金戒指，身佩金荷包、金针筒、铁刀，以及各种玉佩和琥珀佩。驸马腰束金银蹀躞带，带上挂银刀、银锥，另有一些琥珀饰件等。根据衣冠服饰和面具特征以及身上所系物品特征分析，南部外侧是公主，北部内侧是驸马。公主紧挨着驸马，右臂压在驸马的左臂之上，说明驸马葬于前，公主葬于后。

尸床前沿连接长方形供台，用条砖横平错缝垒砌7层，略高于尸床，长1.54米，宽0.71米，高0.53米。在正面和左右侧壁面上也砌有桃形小龛。小龛及壁面有彩绘装饰。供台上有银盖罐、银器盖、鎏金银流苏等物品。

陈国公主墓出土了大量精美绝伦、品类丰富的随葬品，计3227件44组（副），有金、银、铜、铁、瓷、玻璃、玉、玛瑙、水晶、琥珀等各种质地。金器31件，有面具、八曲连弧形盒、镂花荷包、錾花针筒、镂孔小金球、小金筒等。这些金器含金量达95％以上，多为锤碟、錾刻而成，有龙、鸳鸯、仙鹤、花草以及水波纹等纹饰，制作精巧，技艺娴熟，造型美观。银器147件，有银丝网络、鎏金银冠、錾花靴、錾花枕、金花衾、金花钵、托盘、盏托、执壶、唾盂、盖罐、匙、构件、流苏等。多为锤碟、錾刻而成，以素面为主，少数为金花银器，錾刻龙、凤、牡丹、莲花、缠枝忍冬纹等。工艺精湛，线条娴熟流畅。铜器50件，有錾花盆、花口錾花盘、铜镜、铜阳燧、鎏金铜锁、鎏金铜钥匙、鎏金铜合页、鎏金铜泡钉等，纹饰有联珠纹、缠枝卷叶纹、几何形花纹等。铁器只有琥珀柄铁刀和琥珀柄铁刃器2件。瓷器30件，均为生活用具，器形有绿釉长颈盖壶、茶绿釉鸡腿坛、绿釉罐、白瓷盖罐、瓷盒、白瓷碗、青瓷碗、青瓷盘等。玻璃器7件，都是生活用具，器形有瓶、杯、盘，当时极其名贵，是从西域进口产品。玉器3件，为砚、水盂等文房用品。玛瑙器3件，为碗、盅等。水晶器4件，有耳杯、系链水晶杯等。木器89件，有鸡冠壶、弓、弓囊、鸣嚙、围棋子、俑等。同时还出土形制各异、做工考究的金銙银鞓鞢韘带、银銙银鞓鞢韘带、铜銙银鞓鞢韘带、玉銙丝鞓鞢韘带、玉銙银带、金銙丝带和银带，以及玉佩44件、琥珀佩2101件（11组）、玛瑙饰件14件（3组）、水晶串珠152颗、马具2套。陈国公主墓随葬品许多制品是用金、银、玉、玛瑙、琥

乳钉纹玻璃瓶

刻花玻璃瓶

玻璃器

金面具（公主）

鎏金银鞍饰

金面具银丝头网（驸马）

鎏金银冠（驸马）

金花银枕局部

高翅鎏金银冠（公主）

金带銙

金盒、金手镯

八曲连弧形金盒

錾花金针筒、镂花金荷包

金花提梁银壶

龙凤纹银奁

鎏金银靴

玉器

和田玉粉盒

玉器

玉器

工具形玉佩

玉柄银锥及锥鞘

琥珀握手

胡人驯狮琥珀佩饰

琥珀璎珞

玛瑙碗

珀、珍珠、玻璃等贵重材料制作而成，仅用金就达1700余克，用银达1万余克，充分反映了契丹贵族的豪华奢侈、墓主人的显赫地位，以及辽代中期科尔沁草原政治、经济、文化等各方面的繁荣兴盛。

另外，墓葬还出土绿色砂岩制成的墓志一方，正方形，边长89.5厘米，通高28厘米。上盖下志，志盖上绘有十二生肖像、牡丹纹图案、缠枝草叶纹，中间篆刻"故陈国公主墓志铭"三行八字。志文楷书27行513字。书法工整，刻工精细，字迹清晰，言简意赅，对仗工整。根据墓志记载，陈国公主乃景宗第二子秦晋国王耶律隆庆之女，正妃萧氏所生。初封太平公主，进封为越国公主，追封陈国公主。公主卒于开泰七年（1018年）三月，年十八岁，于当年闰四月，葬于驸马萧绍矩"先太师之茔"。驸马都尉萧绍矩，仁德皇后之兄，泰宁军节度使、检校太师。泰宁军节度使一职，是其生前实任官衔，检校太师为死后追赠。

在墓葬中还发现大量精美壁画。在墓道东、西两壁上，各绘侍从牵马图，两相对应。在前室东壁北端，绘有男、女仆役各1人，均面向主室。在前室西壁，耳室门北边，画侍卫2人，并排站立，面向主室。耳室及壁龛上方所绘白鹤及彩云两朵，同于东壁。在前室东壁东南隅飞鹤的上方，画旭日1轮，日中画三足乌。在西壁西南隅的飞鹤上方画满月1轮，略小于日，月中绘有桂树一株，桂树下玉兔一只。

陈国公主墓是当年我国首次发现的、未经盗扰的辽代皇族墓，出土大小契丹文物珍品3227件，黄色的金、白色的银、红色的琥珀、洁白的玉，琳琅满目的珍宝布满了墓室，是仅次于皇陵的重要考古发现，被西方媒体誉为解读神秘契丹文化的奇迹，被中国考古界评为"七五"期间全国重大考古新发现以及20世纪中国考古重大发现。

撰稿：闫洪森
摄影：刘伟臣

辽墓西北距科尔沁区钱家店镇约6公里。二林场辽墓坐落于大片沙丘中，这一带沙丘东南方与科尔沁左翼后旗的沙漠相接，西面和北面为大片土质肥沃的西辽河冲积平原。墓葬周围的沙丘中，许多风蚀地表都是黑沙土层，质地坚硬，散布着大量辽代的瓷片、陶片、砖瓦和残碎铁块等。

1978年8月，通辽县（现科尔沁区）第二机械林场（简称二林场）工人在场部西南3公里的沙丘中发现一座辽墓。哲里木盟（今通辽市）博物馆在通辽县（现科

绿釉刻花带盖鸡冠壶

墓葬址近景

人物纹三彩瓷枕

人物纹三彩瓷枕局部

人物纹三彩瓷枕局部

尔沁区）文化局、文化馆和二林场的协助下，对此墓进行了清理。2009年通辽市科尔沁区第三次全国文物普查队对二林场辽墓进行复查。据当地护林员介绍，墓葬多次被盗挖，现已被挖开，可见青砖墓室。

墓葬为圆形砖室墓。此墓出土遗物比较丰富，有陶瓷器、铜铁器、玛瑙器等。

陶瓷器，鸡冠壶2件，为双孔式，陶质，施绿釉；三彩瓷枕1件，呈倒梯形，枕面下凹，两侧面各有一通气孔，淡黄色胎，上施黄釉，除底部外均绘有花纹。枕面正中绘一牡丹，施褐釉，其两边及枕四角绘花叶，施绿釉。枕前后两面各绘一人骑一大鸟，周围压印流云式线条，似人鸟飞腾于云雾之中，鸟前后绘有花束，施褐釉。枕两侧面各绘一人，着冠，穿长袖衣，袒胸露腹，作舞蹈状，施褐釉。整个瓷枕彩釉均施于图案之上，富有浮雕效果；瓷碗4件，大1件，小3件。

鎏金铜鱼，铸制，外表鎏金多已蚀落。铜鱼呈双鱼并联状，双鱼头部之间为一铜框，内有一穿。鱼身上刻出眼、嘴、鳞、尾。背面有三只铜钉，当铆于其他物件之上。

该墓出土的陶瓷器均为辽墓中常见的器物，此墓当辽墓是无疑。墓中出土了鎏金铜饰件及大量玛瑙饰件，并采用了木屋棺罩和棺床等葬具，表明墓主是一位辽代贵族或官员。鎏金铜鱼见于辽代形制较大、随葬品较多的墓葬中。根据墓中遗物推断，结合文献记载分析，此墓的时代可能在辽圣宗前期。

科尔沁区二林场辽墓的发现，对研究契丹族早期葬俗文化及生活提供了实物材料。

48 库伦旗奈林稿辽墓群

撰稿：闫洪森
摄影：刘伟臣

国家重点文物保护单位。

位于库伦旗库伦镇前勿力布格村附近，地处辽西山地与科尔沁沙地相接的位置，整个地形西南高，东北低。辽墓群呈带状分布，长约7.5、南北宽3.5公里，面积为26.25平方公里，为辽代中晚期墓葬。据调查，仅王坟梁（勿力布格村西南漫岗）上就有上百座大型墓葬。

1972至1985年间，吉林省文物考古工作队、内蒙古自治区文物考古研究所和通辽市博物馆，先后在奈林稿苏木（现归属库伦镇）前勿力布格村发掘清理了八座大型辽墓。

据考证，前勿力布格村是辽代懿州的

奈林稿辽墓群

摩羯形白瓷灯

辖地。懿州是辽圣宗女儿越国公主的私城。越国公主下嫁国舅萧孝忠，在辽代契丹人当中，一般不受辈分亲疏的限制，外甥女嫁给了舅舅是常事。这几座辽墓，从地势看可能是萧孝忠一系子孙墓地。

一号墓位于库伦旗奈林稿苏木前勿力布格村伸出的漫岗南端，该墓是一座大型砖室墓，全长42、宽12米，整个墓葬由墓道、天井、墓门、甬道、南北耳室和墓室组成。南北两壁表面抹白灰，北壁绘有《出行始发图》，南壁绘有《出行归来图》；墓门为砖砌，成圆拱形，上筑四阿顶门楼，南北两壁外侧，各绘一门神。天井底部铺砖，成平地面。南北两壁绘有人物、仙鹤、牡丹、蝴蝶等。随葬品中仅有朽木残石、碎瓷片以及鎏金饰件、铜器和铜钱、铁钉、经幢和墓志的残段等。墓室中出土有"大康六年"特制的铜钱。

二号墓位于库伦旗乌力布格村伸出的漫岗北端，墓为砖筑单室墓，整个由墓道、天井、墓门、甬道、墓室组成。墓道长18.3米，靠近天井处宽1.8米，墓道北壁绘有《侍女图》，南壁绘有《归来图》；天井呈方斗形，前接墓道，壁面绘

有契丹人物画；墓门为圆拱形，两侧绘有契丹装束的守门人，墓门正面左右上角各绘彩凤一只，周围饰祥云图案。墓室为八角形，底部用方砖铺砌。墓室内侧有长方形尸床一座。

三号墓南距二号墓约25米，是附有耳室的砖室墓。该墓由墓道、墓门、额墙、甬道、南北耳室、墓室组成。在墓门及额墙有大量印有鹿纹的砖，墓室南壁有壁画的残迹，西侧1人；束高髻，东侧1人，有额发，披发垂肩际，墓室因被盗不见尸床。随葬品有陶、瓷器、鎏金器、马具、黑石双陆、琥珀饰件、铁马镫、宋钱等。

四号墓位于三号墓西南，相距26米，为有耳室的砖室墓。由墓道、墓门、额墙、翼墙、甬道、南北耳室、墓室组成。墓门左右两侧，墓道南北两壁尽端有壁画《人马图》、《人骆图》等，十分粗糙。

壁画

随葬品有瓷器、鎏金铜器、琥珀雕饰物、玉钱等。

五号墓位于四号墓南侧，距离百余米，此墓系砖木结构的小型单室墓。由墓道、天井、和墓室组成。墓道呈阶梯式，全长11米，天井为方形，墓门为砖筑。墓室里侧有一砖砌长方形棺床。随葬品有瓷器、铜器、铁器、玛瑙饰物等。

六号墓位于一号墓北侧，距一号墓六十米。系砖石结构的大型多室墓，由墓道、天井、墓门、甬道、南北耳室和主室七部分组成。墓道为斜坡式，天井呈长方形，墓门为砖筑。南北耳室构筑相同，耳室券门作圆券顶。墓道南北壁绘有《出猎图》、《归来图》，天井南北两侧壁满绘湖石牡丹，墓门门额绘伎乐五人，甬道南北两壁各绘三人，南壁为女侍，北壁系男仆。出土随葬品有瓷器、陶器、铜器、铁

壁画

壁画

器等。

七号墓位于六号墓东北,距六号墓125米。此墓为大型砖室墓,由墓道、天井、墓门、前室、东西耳室和主室组成。墓道为狭长斜坡式,长24、入口处宽2米;天井呈长方形,随葬品琥珀串珠、铁马镫、开元通宝、皇宗通宝、太平通宝等。

八号墓位于七号墓西侧,距七号墓九十余米,为大型砖室墓,由墓道、天井、墓门、甬道、墓室组成。墓道南壁绘有《出行图》,北壁有《归来图》,几乎剥落殆尽,仅余中段少许残画。

库伦位于科尔沁南端,厚很河北岸,

历史上这里是无际的草场,是契丹民族游牧狩猎的天然乐园。这里的统治者生前豪华显贵,穷奢极欲,死后也要排场阔绰。墓葬规模宏大壮阔,墓道两侧又绘有描写契丹贵族生活的长幅画卷。1972年—1985年文物考古工作者在库伦旗前勿力布格村清理这八座大型辽墓,为辽代大型墓葬,由墓道、天井和墓室构成,砖壁上大多绘有内容丰富、色彩绚丽、技巧娴熟具有富有浓郁北方游牧民族特色的壁画。库伦辽墓壁画分别绘在库伦1号墓至8号墓的墓道、天井等处。这些壁画直接反映了辽代社会生活情景,具有很高的艺术水平,其中以一、二、六、七号墓壁画最为精彩。奈林稿辽墓群特别是一号墓墓道两侧绘有车马人等的《出行图》和《归来图》，生动地描绘了契丹人的游牧生活和车马出行、饮宴享乐等场面，内容之丰富，技巧之娴熟，功力之深厚，均为当今罕见，是辽代艺术之奇葩。《出行图》、《归来图》也是目前发现在辽墓中尺幅最大，画工精熟，保存最好的人物壁画。

奈林稿辽墓群为研究辽代契丹族艺术、风俗及与宋朝、汉文化的关系提供了重要的材料。

壁画

壁画

‖49‖ 扎鲁特旗浩特花墓地

撰稿：闫洪森
摄影：刘伟臣

内蒙古自治区重点文物保护单位。

位于扎鲁特旗南部，乌力吉木仁苏木所在地东北约13公里处的浩特花牧铺北的簸箕形坡地上，地势平坦，十分开阔，乌力吉木仁河自西向东流过。该墓地共有三座大型墓葬和两座小型墓葬。

1999年中国社会科学院考古研究所和内蒙古自治区文物考古研究所组成辽金联合考古队，6~9月辽金考古联合队在通辽市扎鲁特旗进行了一系列的考古发掘，取得了较为重要的收获，其中以浩特花墓地最为重要。2009年扎鲁特旗第三次全国文

墓室

墓道

物普查再次对该墓地进行复查。

浩特花1号辽墓是该墓地规模最大的一座壁画墓，壁画面积大，内容丰富，有内外双层，颇具特色。1号墓是一座大型砖筑多室墓，地表无封土，因多次被盗，出土遗物很少，包括铜、铁、瓷、陶、玛瑙、骨、木和石器等。

墓葬全长30多米，有主室和二耳室，建筑考究，特别是壁画内容丰富，有侍者图、杂戏图、散乐图、放牧图、鹰犬图、出行图、庖厨图等。绘画笔法简捷，线条流畅，画面生动，色彩鲜艳，颇具观赏性，堪称辽代绘画的佳作，是近年来发现

较为重要的辽代壁画墓之一。

浩特花墓地3号墓是一座十角形墓葬，出土石经幢等佛教遗物，特别是出有数十件景德镇影青刻花和素面的瓷碗、盘、碟等，基本可以断定此墓年代应在辽道宗以后。2号墓是一座迁葬墓，年代当介于1号墓和2号墓之间。这样，可以确定浩特花墓地是一处辽代中晚期的贵族墓地，可能为辽圣宗时期。

浩特花墓地的发掘，丰富了辽代葬俗的研究资料。对于研究辽代的墓葬形制、绘画艺术以及相关的社会生活习俗等具有较为重要的价值。

‖50‖ 扎鲁特旗寂善大师墓

撰稿：闫洪森
摄影：刘伟臣

全国重点文物保护单位。

寂善大师墓位于扎鲁特旗哲北一分场东北山上，在辽代豫州城东，赤崖山北。墓地建在缓坡地上，这里地势较开阔，是辽代贵族墓群，方圆2公里左右，分布大小辽代墓葬二百多座，寂善大师墓便是其中之一。

1995年9月，扎鲁特旗公安局在哲北农场收缴一方墓志。得知消息后，通辽市（原哲里木盟）博物馆工作人员同市公安局的同志前往调查，了解墓志的出土情况，对出土墓志的墓葬进行了调查和测量。

寂善大师墓是一座八角形砖砌筑墓葬，墓内出土墓志铭一方。墓葬有斜直状阶梯式墓道，前室两侧各有耳室，叠券

墓葬全貌

顶，墓室内有柏木镶嵌。出土墓志石为灰色砂岩做成，无盖，方形，边长67、厚15厘米。阴刻楷书，刻工精细，字迹工整，洒脱大方，共计竖排24行，每行17~44字不等，全文总计887字，墓志铭反映了关于淑仪耿氏的生平，淑仪耿氏的家世等一些内容。

寂善大师（987~1063年）初为辽圣宗妃，后削发为尼。大师生于辽圣宗统和元年，比辽圣宗小12岁，21岁时，即1004年被选入宫中，得到圣宗皇帝的宠爱。开泰二年（1013年）春，寂善大师31岁被封为二品淑仪嫔妃。太平十一年（1031年）辽圣宗死在行宫中，同年11月被葬在庆陵。圣宗死后，由于宫内的政治斗争日趋激烈，辽兴宗的生母，元妃萧耨斤对齐天皇后以"妨恩娼宠，谗毁百端"为由，侯机杀害齐天皇后。寂善大师目睹了这一切，并深知元妃萧耨斤的残忍阴毒与专横跋扈，故不愿卷入其中，正如墓志："人生之不求，观世事以何"。于是她在圣宗死后自誓守陵，以尽自己的一片忠心，这时的寂善大师已49岁。不久，寂善大师开始研习佛法，削发为尼，步入空门。到了晚年，她在佛法上达到高深造诣。清宁九年病故，享年80岁，朝庭追赠她为寂善大师，并完全按照僧人的习俗安葬在誊豫州的东面。

辽圣宗皇帝淑仪赠寂善大师墓葬墓志保存完整，对其生平进行了详细的记录，对研究辽代契丹族贵族的墓葬形制以及宫廷内部的斗争都具有重要史料意义。2013年5月，寂善大师墓地、豫州城遗址这两处辽代遗址，以"豫州城遗址及墓地"的名称被国务院公布为第七批全国重点文物保护单位。

远景

出土的白瓷

墓碑

‖51‖ 扎鲁特旗水泉沟墓群

撰稿：闫洪森
摄影：刘伟臣

通辽市重点文物保护单位。

位于扎鲁特旗鲁北镇伊和碑嘎查北5公里。墓群在一座山的南坡上，风景秀丽的簸箕形山洼中，墓地为较为平坦的缓坡地，前方地势开阔，周围依稀可见茔园围墙残迹，内有三十余座墓葬，呈东西向分布。其中2号墓位于墓地中部，是其中较大的一座墓葬。

中国社会科学院考古研究所和内蒙古自治区文物考古研究所联合组成的辽金考古队，于1999和2000年对扎鲁特旗水泉沟墓群进行抢救性发掘，获得了一批重要的

远景

近景

实物资料。2009年扎鲁特旗第三次全国文物普查对该墓地复查。

水泉沟2号墓为石筑单室带耳室墓。墓葬有较好的棺床小帐和尸床，尸床前有木供桌。2号墓小帐内壁均装饰有帛画，有些已经自然损坏，残存有散乐图、庖厨图、享逸图、庭园图、门神图等内容，有些画面右上角还题有汉文四言诗。整个画面线条流畅，是难得一见的工笔画。特别是享逸图的内容如果和汉文四言诗联系起来，别有情趣。水泉沟2号墓出土带文字的漆盏十分精美。

墓顶

4号墓出土一座龟趺座石碑，上部雕有二龙戏珠，正面额题为汉文"望坟碑记"，正文楷书《拔济苦难陀罗尼经一卷》，约700余字，背面题契丹一小字《室鲁太师墓志碑》，约300字左右。这块双文石碑为研究契丹文字提供了新线索。4号墓出土金了银器、铜器、铁器、木器等，其中酱釉龙嘴执壶较为罕见。石碑有明确纪年，属于辽道宗时期。墓主人太师室鲁，为耶律皇姓。

水泉沟墓群的发现，对于研究辽代的历史文化、社会习俗和美术史等具有重要的研究价值，同时也为我们展现出辽代社会生活的生动场景。

墓道

║52║ 科尔沁左翼中旗小努日木辽墓群

撰稿：闫洪森
摄影：刘伟臣

内蒙古自治区重点文物保护单位。

位于科尔沁左翼中旗架玛吐镇东南9公里，位于内蒙古通辽市科尔沁左翼中旗架马吐镇小努日木村西北约1华里的缓坡上。这里植被茂密，地势西北高、东南低，在东南1公里处有一季节性河流，整个缓坡均为黄土，结构细密坚硬。小

努日木一带有多处墓葬。墓群在20世纪50年代就被盗墓者破坏，多年来就破坏10余处墓葬。

1982年8月，通辽市科尔沁左翼中旗架马吐镇小努日木村民，在挖渠取土时发现一座墓葬。当地文物管理部门闻讯后，当即派员赶到现场对墓葬进行了清理，并

远景

收回部分散失文物。2008至2009年在第三次全国文物普查期间，科尔沁左翼中旗文管所和通辽市博物馆又抢救性发掘2处被盗掘古墓葬。

1982年清理的辽墓，墓内随葬品较多，包括金、玉、铜、瓷、木器，以及珑拍和丝织品等。典型器物，凤冠顶1件，略残；铜镜1件，素面，上有三行契丹小字，共五个单词，除"天"释出外，其他4个词均不能释义；木椅1件。另外墓内出土丝织品种类很多。据墓葬形制及出土文物分析，认为该墓为辽代中晚期墓葬。

2008至2009年初抢救性发掘的2处被盗掘古墓葬，均为方形单室墓。出土了有铜丝网衣一件，辽三彩方盘8件，绿釉长颈瓶、绿釉小碗各一对，以及三彩海棠盘、绿釉鸡冠壶、绿釉钵、白釉瓷碗，鎏金铜马鞍饰件和马衔等具有典型特点的辽代文物若干。

科尔沁左翼中旗小努日木辽墓群的发现，对研究契丹民族史和通辽地区辽代历史具有一定参考价值。从墓葬可以看出科尔沁左翼中旗应是契丹上层贵族聚集地区之一。

铜鎏金带饰

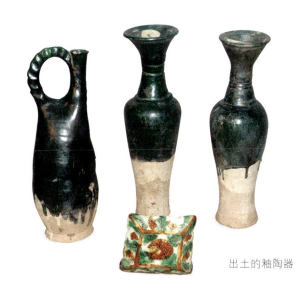

出土的釉陶器

铜丝网衣

⫼53⫼ 库伦旗阿贵山石窟寺

撰稿：闫洪森
摄影：刘伟臣

通辽市重点文物保护单位。

位于库伦旗白音花苏木苏子嘎查南3公里处的阿贵山山顶，山北侧为通往苏子村乡间路，山脚下南北侧均为大片农田，阿贵山石窟寺南边为坤地河，西侧为苏子沟。

阿贵山石窟寺长70、宽50米，总面积约3500平方米。石窟最深为6、最高为2.5米。石窟寺中有四个石窟，面南背北，石窟内地表散落有辽代青砖和布纹瓦。石窟寺的西北可以清晰地看到院落的石基。整个石窟外面是一个整体的院落，大院里面还有两个院落，石窟寺前的两间院落和房址保存较完好。

石窟寺正面为一门房，旁边还有个配房，两个院落后面是四个石窟。位于东侧的石窟风化严重，石窟寺前院落房址保存较好，石窟寺西南侧塔基已经被盗掘破坏。石窟寺院落分布有两处辽代的灰坑，灰坑内散落有瓷片、布纹瓦片和兽骨等。石窟寺东南面的冲沟边散落有数件琉璃器残件。在石窟寺所在的南坡还散落有辽代白釉大碗（残）和其他瓷片等。

阿贵山石窟寺和寺庙遗址的发现为研究佛教在库伦的传播和发展提供难得的实物资料。对研究库伦地区的佛教历史提供了宝贵的历史依据。阿贵山石窟寺是库伦旗第三次全国文物普查发现。

阿贵山石窟寺

远景

撰稿：闫洪森
摄影：刘伟臣

内蒙古自治区重点文物保护单位。

位于扎鲁特旗乌力吉木仁苏木查布嘎吐嘎查西南的大黑山山脉东端，该岩画1975年被发现。主画像面朝南，采用阴刻手法刻在山顶的立石上，岩画为高1.3、宽1.1米人头像，此人圆目似鹅卵石，无眉、三角鼻、倒八字胡、大嘴微张、尖下颏。主画像下方分布着五个大小不等的人面画像，主画像南侧也有七个大小不均的人面画像。这些人神态各异，有的凝思，有的顾盼。在岩画相对应的山下平坦处，有四处石头堆砌的直径12米的石

遗址全貌

圈，离石圈不远处，有辽墓20余座，辽墓的规格大小不等。大黑山人面岩画遗址，以大人头像为中心，小人面画像、石圈、祭祀遗址和辽墓成为遗址的组成部分。

人面岩画，顾名思义，是指磨刻在露天山崖峭壁等岩面上，具有人面的基本特征的画作。由于这类岩画类似于"人面"或"兽面"的图案，学者们更多的称作"人面像岩画"。

关于扎鲁特旗大黑山岩画的年代，目前有两种观点，一种认为大黑山岩画为鲜卑时期刻画；另一种观点认为，大黑山岩画为辽代时期所作。

郝维彬、郭浩在《走进科尔沁草原》一书认为：鲜卑人把他们所崇拜的山叫做"鲜卑山"，也就是"神山"或"祥瑞山"的意思。北方游牧民族普遍有祭祀山神的习俗，鲜卑族也是一样，他们认为山神可以保佑他们得到更多的猎物和牲畜，所以对山十分崇拜。他们每到一处，都有一座山被奉为神山，在扎鲁特旗查不嘎吐苏木大黑山上，绘有人面形岩画。这当是鲜卑人留下的岩画，这幅人面像就应该是鲜卑人敬奉的山神。

所以大黑山也应该是一座鲜卑山。鲜卑人在东胡被打败之前也一定有他们的神山，并不是被东胡打败之后才有的鲜卑山，不过是因所处的地方变化后，被崇拜的鲜卑山也发生了变化而已。

1995年经盖山林考察认定，查布嘎图大黑山人面岩画属辽代早期画像，是已知

"世界人面岩画之最"。综合各种资料，我们认为大黑山人面岩画应为辽代更为可信。

大黑山人面岩画的发现说明岩画是古代草原文化的一部分，岩画的发现扩大了古代草原文化的研究内容。

远景

55 扎鲁特旗十八个阿贵洞

撰稿：刘志强
摄影：刘志强

通辽市重点文物保护单位。

位于扎鲁特旗格日朝鲁苏木格日朝鲁嘎查西南4公里处。十八个阿贵洞距扎鲁特旗政府所在地鲁北镇100公里，此处为扎鲁特旗金龙山自然保护区。

十八个阿贵洞由一向东敞开的环状山脉环抱，从山脉的东侧进入，向西走500米，折向西南走500米即可见到两座交汇成"人"字形山峰，当地人称为"敖日奈山"。在山脚至山腰20～200米高的范围内，由南向北依次排列大小不一，形态各异的十八个洞穴（"阿贵"蒙语译为"洞"主要指有人居住过的非天然洞穴）。每个"阿贵洞"大都在地势险峻处依壁而凿，有的开凿在距谷底垂直三四十米处，不借助工具难以攀援上去。这些

"阿贵洞"均人工开凿。大洞高七八米左右，洞深十几米；小洞深二三米，每个洞均呈拱形，向洞上口渐低渐窄，到洞尾仅容一人蹲下。最壮观的是在最高峰处有一个南北贯穿的大洞，十分险峻，呈拱形，向洞口渐低渐窄，至洞尾则仅容一人蹲踞。洞壁虽不光滑，但比较平整，状似鱼鳞。洞壁因石质不同而呈青色、白色、暗红色等不同颜色。

当地人根据洞的不同特点，分别把十八个阿贵洞称为：牛洞、雪洞、吸洞、子母洞、牌路洞等。其中子母洞、雪洞、吸洞最富特色，"子母洞"是两洞并排开凿，距谷底100米处的陡壁上，洞均高3米左右。两洞之间有一个高两米左右的通道相连，如母子相依，颇有情趣；"雪洞"

洞口

洞口

有一个美丽的传说，相传每年端午节，"雪洞"中会像下雪一样落下包着种子的土料，种到地里就会获得丰收；而"吸洞"中据说有股巨大的吸力，能把爬进洞的人吸进去。从洞中遗物可断定，十八个阿贵洞应为辽代开凿。

辽代时期契丹人曾在阿贵洞居住生活，并在山洞内留有许多文字、图画等。

十八个阿贵洞现已列为自然保护区，由于环境优美，十八个阿贵洞成为游人们游山玩水，敬仰朝拜的重地。这里山清水秀景色迷人，每年都有众多游人到此观光旅游。十八个阿贵洞既是我们研究辽代历史的珍贵实物资料，也是到扎鲁特草原探古寻幽的好去处。

十八个阿贵洞

十八个阿贵洞

‖56‖ 霍林郭勒市金界壕

撰稿：闫洪森
摄影：闫洪森

全国重点文物保护单位。

金界壕自东向西延伸，贯穿霍林郭勒市全境。东起兴安盟科右中旗，西接锡林郭勒盟东乌珠穆沁旗。霍林郭勒市金界壕总长22.17公里。按墙体保存现状统计，保存较好部分8.183公里，保存一般5.095公里，保存较差4.114公里，消失4.778公里，分别占墙体总长度的36.91%、22.98%、18.56%、21.55%。霍林郭勒市金界壕总体保存好坏不一，由于现代对长城的忽视，保护管理制度的不健全，长城墙体常年遭受各种自然及人为因素的破坏，导致部分墙体坍塌、高矮、厚薄不齐。有的墙体呈明显的土垄状，个别地段需仔细观察，方可认定为长城墙体，尚有地段墙体经雨水冲刷，墙体两侧土皮剥落严重，痕迹已不明显。另外，霍林郭勒市金界壕有的地段由于山水冲刷、煤矿开发、城市建设、公路修建等原因，部分墙体甚至完全消失。

霍林郭勒市金界壕墙体大致呈东北—西南走向，墙体构筑因地制宜，沿线绝大部分由土墙构筑而成。其中有一段界壕为石墙体。土墙是自然基础上挖壕取土堆筑形成；石墙为墙体基础为自然基础，大小

不一的石块混合堆筑。霍林郭勒市金界壕
现存四座边堡，界壕墙体未见马面。

20世纪50年代和80年代，国家分别开
展了第一次和第二次全国文物普查。20世
纪70年代末，通辽市张柏忠先生也曾对霍
林郭勒市金界壕部分地段进行过调查，并
发表文章介绍。1981年夏季，为配合矿区
建设，哲盟博物馆（现通辽市博物馆）对
霍林郭勒市金界壕及边堡进行了勘测调查

金界壕

金界壕石墙遗迹

和发掘清理。这是有史以来对金代界壕边堡的首次发掘，发掘报告发表在《内蒙古霍林河矿区金代界壕边堡发掘报告》（《考古》1984年第2期）。霍林郭勒市金界壕曾在二十世纪80年代的全国第二次文物普查时期对本辖区内金界壕做过部分调查工作，掌握了霍林郭勒市境内金界壕的分布和走向。2010年4月到10月通辽市长城调查组对霍林郭勒市内金界壕开展了科学、系统的资源调查工作。此次调查包括界壕本体、附属设施和相关遗存等。

金界壕起点在霍林郭勒市宝日乎吉尔街道地财社区西北0.39公里处，向东北延伸至兴安盟科右中旗段金界壕相接处为消失段落。该区域由于多年的河水冲刷以及霍林郭勒市设立时城市建设、道路修筑等原因已经不可见金界壕墙体。

霍林郭勒市金界壕首先由界壕起点暨霍林郭勒市宝日乎吉尔街道地财社区西北0.39公里处至霍林郭勒市宝日乎吉尔街道地财社区西北0.40公里止。此段界壕墙体为东北—西南走向，长度为70米。由此开始，界壕首先通过霍林郭勒市北露天矿山排土场，这一区间由于矿山建设，界壕墙

体已经无影无踪。界壕至中和热木特界壕区段，开始露出踪迹。

沿达来胡硕街道中和热木特村北侧通过，此区域由于常年的风雨侵蚀和冲刷，已辟为耕地，个别地段当地村民甚至以界壕墙体为通行道路，致使界壕墙体宽窄不一，高低不平，遗迹模糊不清。界壕继续向西南方向穿行，所经地区大部分是浅山草原。进入霍林郭勒市达来胡硕街道西河村南侧，过山地、进草场，蜿蜒逶迤到达霍林郭勒市沙尔呼热街道西风口村北，界壕所处地势为较低的丘陵地带，山势平缓，草场成片。从西风口界壕开始，转而折向西北方向，穿越山地草原，此一区段地势起伏和缓，界壕时而高起，时而低伏，隐约可见一些墙体痕迹，遗迹并不明显。

霍林郭勒市金界壕止点与锡林郭勒盟东乌珠穆沁旗段金界壕交界处，霍林郭勒市金界壕至此止。

霍林郭勒市发现4座边堡。全市金界壕墙体有一段是石墙，总长228米。

西河1号边堡，霍林郭勒市达来胡硕街道西河村东南0.74公里处。该边堡保存不好，建筑为土筑，平面呈矩形，无

金界壕

金界壕

马面、瓮城、护城壕，南墙一门，方向正南北。城内没有发现其他建筑基址。边堡墙体坍塌严重，间或有豁口；边堡内杂草丛生，墙体上长满长草、杂草；由于河水冲刷和农业种植等原因，边堡北墙已消失不见。

西河2号边堡，霍林郭勒市达来胡硕街道西河村西南2公里处。该堡保存一般，为二重城墙，局部破坏严重，有很多地方残存取土后留下的深坑。城堡分为外城、内城。内城方形，无角楼、马面、瓮城。堡有二门，分别为南门和西门。

西风口1号边堡，霍林郭勒市沙尔呼热街道西风口村西北0.15公里处。该城堡保存较差，但堡址结构尚清晰。该城为二重城墙，从内至外分别为内城、外城。其中外城东、西墙保存差，南北墙体保存略好。堡内有地方残存取土后留下的深坑。

内城城墙总体保存较好，但局部破坏。该边堡二重城墙，分别为外城、内城。

西风口2号边堡，霍林郭勒市沙尔呼热街道西风口村西北1.2公里处。该城堡保存较差，城墙低矮，城墙豁口较多，损毁严重，结构尚可判断。堡址西墙体靠近砂石路，对界壕造成破坏。边堡土筑，无城门。

霍林郭勒市境内，金朝为临潢路，是金朝北方军事重地，此时凡对北方蒙古族用兵、会集士卒多在临潢。界壕自撒里乃（今克什克腾旗境内）至鹤午河（今霍林河）属临潢路段。据史书记载，金代的霍林河称鹤午河，是辽代赫里河的不同音译。在以后的不同历史时期中，霍林河又译为和尔河、哈老哥鲁、哈古勒河、呼林河等。金代的霍林河当是界壕东北路与临潢路段的分界。

‖57‖ 扎鲁特旗金界壕

撰稿：闫洪森
摄影：闫洪森

全国重点文物保护单位。

扎鲁特旗境内金界壕自东北向西南方向延伸，贯穿扎鲁特旗全境。界壕东接兴安盟科右中旗东四家子段金界壕。在扎鲁特旗起自巴雅尔图胡硕镇都日本格日嘎查东北，与兴安盟科右中旗东四家子段金界壕交界，穿过乌兰哈达嘎查，沿乌布混都郭勒河北岸向西南方延伸，经巴雅尔图胡

金界壕马面

硕嘎查，至格日朝鲁苏木新艾里嘎查入赤峰市阿鲁科尔沁旗境内，与阿鲁科尔沁旗段金界壕相接。

扎鲁特旗界壕全长88.338公里，保存较好35.897公里，保存一般15.270公里，保存较差8.970公里，消失28.201公里，分别占墙体总长度的40.64%、17.29%、10.15%、31.92%。扎鲁特旗金界壕绝大部分为堆土筑就，挖壕取土筑墙，墙体内部填充碎石；另外，墙体在山坡上取土较困难的地段使用石块垒砌，或土石混筑。扎鲁特旗金界壕石筑墙体共有6处，总长1.34公里。另外，扎鲁特旗境内金界壕现存八座边堡，界壕墙体有马面近三百余座。

20世纪80年代全国第二次文物普查（1986～1988年），通辽市文物普查队（原哲里木盟）对本辖区内金界壕做过部分调查工作，基本上掌握了扎鲁特旗境内金界壕的分布和走向。2010年4到10月通辽市长城调查组对扎鲁特旗境内金界壕进行系统的资源调查。调查对象包括界壕本体、附属设施和相关遗存等。

金界壕

金界壕

金界壕石墙

扎鲁特旗境内金界壕起点为巴雅尔图胡硕镇都日本格日嘎查东北，是与兴安盟科右中旗东四家子金界壕的交界处。界壕自巴雅尔图胡硕镇都日本格日嘎查东北0.495公里处起，从都日本格日嘎查村内穿过，地势起伏和缓，属农耕和草地相间地区。界壕由东北向西南方向延伸，沿途经巴雅尔图胡硕镇乌兰哈达嘎查西侧通过，越山峦、跨沟壑，四周山峦起伏，沟壑纵横，此区段属于山地草甸草原地貌，植被完整。界壕一路向西南方向穿行，越过巴雅尔图胡硕镇查干恩格尔嘎查西侧，这一区间界壕多行走于耕地、草甸之中，到都日布乐吉嘎查西，此区域地势西北高、东南低，南北狭长，多山地、坡地和丘陵，地势起伏较大，界壕蜿蜒于山脊之

边堡

上。进入巴雅尔图胡硕镇浩布勒图嘎查西侧，界壕继续向西南方向延伸，出巴雅尔图胡硕镇浩布勒图嘎查，地势较平坦，耕地连片，进入巴雅尔图胡硕镇镇政府所在地巴雅尔图胡硕嘎查东侧，此区段界壕墙体总长69米，保存较差，走向折为东南-西北。该段界壕南面临近公路，西面邻近巴雅尔图胡硕嘎查。界壕离开此地向西进入巴雅尔图胡硕嘎查村庄。此段区域由于村镇建设、公路修筑及河水冲刷等，界壕已消失不见，总长度为5公里。到达巴雅尔图胡硕嘎查西南3.3公里处开始又清晰可见界壕墙体。

界壕沿东北-西南方向经农田，过山地草原，直达格日朝鲁苏木呼和温都尔嘎查北。界壕继续曲折前行，这一地域多为低缓的丘陵山地，属农田和草甸相间地段。通过格日朝鲁苏木塔拉白嘎查东边，界壕向塔拉白嘎查西南延伸，进入当地牧民草场，此区段墙体大部分高低宽窄不一，墙体大多地段墙体与地表持平，模糊不清。

界壕出了牧民草围栏行进到格日朝鲁苏木哈达营子嘎查东，经过哈达营子嘎查村庄，从哈达营子嘎查西南，界壕开始进入山地，山势险峻，蜿蜒起伏，此一区段界壕多位于丘陵山地，沟谷纵横。缓缓穿行于山间，过山地进入农田、草甸，界壕接近白音乌拉嘎查东侧，穿过村庄、林地，草甸等，沿着西南方向前行至格日朝鲁苏木新艾里嘎查东侧，再向西南方向延伸直到赤峰市阿鲁科尔沁旗境内钱那杰界壕1段止。此区段西南方向接赤峰市阿鲁科尔沁旗钱那杰段金界壕，多为林地和荒地，地表均为冲击的流沙，界壕墙体已无遗迹可寻。据当地村民指认：该处界壕遗迹原明显，距前那杰嘎查较近，周边有多处现代房屋，因1998年发洪水，将该段界壕冲毁，原有壕沟也已被流沙淤平，现地表已无任何界壕遗迹。此处是扎鲁特旗金界壕和赤峰市阿鲁科尔沁旗金界壕交界处，扎鲁特旗金界壕至此止。

扎鲁特旗境内金界壕有八座边堡，分别为乌兰哈达堡、浩布勒图1号堡、浩布勒图2号堡、呼和温都尔堡、塔拉白堡、哈达营子堡、白音乌拉堡、新艾里堡。

扎鲁特旗金界壕总的趋势基本上是东北-西南走向，因而界壕在走向上，多建在高山脚下或山腰间。沿山脊而蜿蜒，如遇浅山平原则蜿伏其上。大体是山冈处修的较低矮，平原处修的比较高大。界壕所使用的建筑材料，因地制宜，就地取材。平原、地势低缓地区多用土筑，分布在山脚下或平原地带的界壕墙体一般修筑较直，地貌多为农田、草甸和缓坡。界壕壕堑在外，堤墙在内，以壕土筑墙，皆无夯

打痕迹，其坚硬是挖掘踏实所致；界壕墙体在山坡上取土较困难的地段皆为石块垒筑，或土石混筑。墙体随山势蜿蜒起伏；边堡皆为土筑，多建在靠近缓山，平坦避风，视野开阔，水源丰富，正当山口要道之处。

金界壕在选择地形上，具有明显的利用崇山峻岭与河川溪流而"因地形，用制险塞"的特点。界壕的建筑体现了天然险阻与人工设防的巧妙结合，利用高山障壁做山险墙；利用河流湍急做河险屏障。根据需要和防御对象选点布线，具有明显的防御北方骑马民族的特点。

金长城将城墙、马面、边堡、壕沟

金界壕

界壕上

表里相应，互为利用。组成一个完整的防御体系，达到积极防御的目的。金界壕的修筑，壕、墙并列有利于阻击敌骑；马面增加了墙体自身防御功能；沿线边堡有利于就近驻防，互相支援，这就使金代边壕的防御体系较前代长城更为紧密。扎鲁特旗界壕边堡发现大量金代兵器、铜钱、生活和生产用具，充分向人们展示了当年金王朝军事防御和农耕生产相结合的景象。

‖58‖ 科尔沁左翼中旗腰伯吐古城

撰稿：闫洪森
摄影：刘伟臣

内蒙古自治区重点文物保护单位。

位于科尔沁左翼中旗花图古拉镇正南15公里，花吐古拉镇腰伯叶嘎查北3.5公里处。古城坐落西辽河北岸，通辽市区北西20公里处。城址正南3.3公里为老河故道由西向东穿过，城址四周为平坦的沙地，地势平坦开阔。通霍铁路和国道111线，跨越城址东西两侧，在不足百米的位置呈南北向平行穿过，城址周围是农田。

1987年和1988年，通辽博物馆在腰伯吐古城采集和征集了一些文物标本。

1989年为配合通辽至舍伯吐公路改线工程，哲里木盟博物馆文物工作者对腰伯吐古城的外城被路基占用的部分城址进行了清理发掘。

古城由内城和外城两部分组成。由于破坏，外城的城墙已不存在。外城基本上呈方形。今在外城中，遗物密布，砖瓦众多，这里应是当时的主要居民区。在外城的西部偏南有内城。内城外侧的南、东两面有一条天然河流向东北流去，成其天然护城河。北、西两面为人工挖成的护城

古城址局部

河。护城河内侧是护城壕，壕内侧便是内城的城墙。在东西北三墙正中各有马面一座，四角设有角楼。从坍塌的遗迹看，马面、角楼的遗迹特别明显。南墙正中开一城门。在内城北侧，有六处建筑遗迹，坍塌后形成圆形土堆，分南北两行排列，每排3座。在城的东南角有一古井，当为城内居民饮水用井。内城中地表布满残砖断瓦和破碎陶瓷。

在清理的五座灰坑中，出土大量兽畜骨头，有牛、羊、马、狗等。在其中的一个灰坑中，出土一枚八思巴文"至元通宝"钱，其余均残砖断瓦和陶瓷残片。

据考证腰伯吐古城就是元代折连怯呆儿千户所故址，是管理皇家牧场的地方。随着元朝的灭亡，它也就失去了存在的意义。明朝占领此地后，也没沿用此城。另外，也有学者认为古城为辽代所建，沿用至元代。综合文字资料和考古发掘材料，我们认为腰伯吐古城当属元代城址。

古城

远景

文物标本

‖59‖ 开鲁县元代佛塔

撰稿：马海　秦宝华
摄影：马海

全国重点文物保护单位。

　　佛塔又称开鲁白塔，位于开鲁县开鲁镇东南的白塔公园内，是一座藏传佛教覆钵式佛塔。该塔建于元至元十六年（1297年）。通高17.7米，砖砌，外表涂以白灰。全塔由基台、塔座、覆钵、相轮十三天、塔刹等五部分组成。基台为正方形，塔座亦为正方形。覆钵高3.7米，上宽下窄，四面有佛龛，南面佛龛下有券门可通塔心室。相轮十三天亦为砖构，外形八角形，逐层收缩，共13层。塔刹为圆形，砖构，最上端为黄铜铸圆形葫芦状刹顶。开鲁佛塔造型匀称，塔体修长，相轮肥壮，八角形，不设华盖，显示蒙古族地区特有

的覆钵塔的地区性特点。

　　经过考察，塔体有不同形制的砖五种以上，由此推断，此塔从修建至今最少维修过五次。已知的是1962年内蒙自治区人民政府曾拨专款维修。除1993年的维修外，其余几次维修均难以考证。据记载，1962年维修就曾经在塔内取出一大批经卷，现已散失。1993年开鲁白塔重新维修，从塔内发掘出一批珍贵文物：鎏金佛像8尊（立佛6尊、坐佛2尊）和用藏文书写八佛名的请佛牌；陶质浮雕佛像3座，分别为阿力布鲁（武佛）、释迦牟尼和尊圣佛母；绘画佛像4帧，观世音驾麒麟1帧（绢）、释迦牟尼1帧（绢）和八面观音2

佛塔远景

出土的文物

出土的文物

帧（布）。1993年维修后的白塔可分为基台、塔座、钵体、十三天和塔刹几部分。

开鲁县佛塔是内蒙古地区保存不多的元代藏传佛教覆钵塔之一。历史上，随着藏传佛教的传入和发展，在这神奇而富有生命力的土地上曾建造过造型美观的各类佛塔。科尔沁草原上由于时代的变迁和天灾人祸之故，大部分佛塔已经被毁坏或倒塌。如今的开鲁佛塔经过重修，已恢复了巍峨挺拔的古貌，依然容光焕发。给人以古老文明和佛世界的神秘感。整座佛塔如利剑指天，屹立在辽阔的平原上。其形制原始、古朴典雅，不失为草原佛教建筑之杰作。

佛塔西侧

明清时期

　　元、明王朝的兴替，以元北遁大漠为结局，北方草原的蒙古部落与明朝长期南北对峙，今天的研究者一般称其为"北元"。明王朝建立后，在西拉沐沦河流域设立了兀良哈三卫指挥司，归辽东都指挥使司管辖。当时包括通辽地区在内的广大地区，尽归"北元"统治。蒙古族人民继续在北方草原上游牧。明初年，通辽地区属于泰宁卫辖地，清代，为稳固蒙古地区的统治，清政府采取了多种多样的边疆政策。清王朝一直奉行"南不封王，北不断亲"的政策。所谓"北不断亲"，就是历史上著名的满蒙王公贵族联姻结亲政策。在这一基本国策的影响下，清朝有众多公主先后下嫁到蒙古草原。有清一代，先后有二十几位公主嫁与科尔沁蒙古王公，固伦雍穆长公主和固伦靖端长公主是其中重要的代表。清朝时期，科尔沁草原上旗旗有庙宇，处处见喇嘛。库伦旗是政教合一的喇嘛旗。本单元收录的古遗址有遗址、墓葬、建筑、石窟寺及石刻和其他。计有遗址两处，分别为科尔沁区查干敖包、鼎合尔井。墓葬有四处，分别为奈曼旗卜氏家族墓地、札萨克墓地、扎鲁特旗固伦雍公主墓地、喇嘛墓群。古建筑有13处，分别为、库伦三大寺、寿因寺、吉祥天女神庙、绰尔济庙、老爷庙、奈曼王府、和硕庙白塔、扎鲁特旗板子庙遗址、满都呼庙遗址、胜利村庙遗址、科尔沁左翼后旗双合尔山白塔、僧格林沁王府、科尔沁左翼中旗慧丰寺。石窟寺及石刻2处，即库伦旗呼和哈敦沟摩崖石刻佛造像、奈曼旗双山子石刻。

撰稿：闫洪森
摄影：包文忠

通辽市重点文物保护单位。

位于科尔沁区莫力庙苏木莫力庙村北侧。敖包呈圆形，白色，高3.5米，大敖包周围环绕12个小敖包，小敖包间距为3米，敖包西南25米是祭祀用铁锅，西南15米有吉祥天母石像1尊，敖包南侧3米处有一石质香炉，敖包东80米处有一钟亭。查干敖包始建于1661年清朝顺治年间，与原莫力庙同时建造，是原莫力庙被毁后硕果仅存的清代建筑。此敖包是由当时的莫力庙葛根和卓日格特王爷下令建造。

查干敖包是建筑在高岗上的白色塔状建筑物，用于众喇嘛和百姓祈求佛恩浩荡、吉祥如意、风调雨顺场所。查干敖包蒙语为白色敖包，据说在其下2米处藏有

查干敖包

铁钟远景

石刻

镇庙宝瓶，敖包内祭祀佛祖。中间大敖包代表须弥山，象征着神州大地，环绕大敖包的12座小敖包代表个12州，与神州大地形成一个整体。

在查干敖包附近的钟楼，有一口古钟高1.3米，重1009斤。细看钟上刻有相应的图案和印字，一敲顿觉声音浑厚，悠远。据说，这口古钟是莫力庙始建时由西藏布达拉宫工匠铸造，后跋山涉水，历时百余天方运至庙内。每逢重大节日或吉祥日子，就撞响此钟祈求万民平安，顺达。"文革"后期，随着莫力庙被毁，古钟一度流于民间，直到莫力庙苏木兴建莫力庙民俗旅游区，重建钟鼓楼，失而复得的古钟才重新与游人见面。

与古钟齐名的当属铿今铸高（锅）了。"铿金"为藏语特大号之意。铿金铸高（锅）重999斤。莫力庙建庙时由西藏布达拉宫工匠用铸钢建造，历尽艰辛始铸就，又用上百天时间运抵莫力庙，是原寺中遗存的一口大斋锅，造型浑朴，古色古香，曾用于祭祀敖包时煮斋做饭，惠泽万民，普度众生。"文革"期间，莫力庙惨遭毁坏，铿金铸高也曾同古钟遭受相同的命运，流落于民间。铿金铸高后被寻回，今天就安放在查干敖包旁边。

查干敖包位于莫力庙苏木莫力庙村境内。莫力庙村有300余户，1000多口人，村民以蒙古族为主，大多信仰佛教。由于该敖包与莫力庙同期而建，因此备受当地群众敬仰。

61 科尔沁区鼎合尔井

撰稿：闫洪森
摄影：刘伟臣

科尔沁区重点文物保护单位。

位于科尔沁区莫力庙苏木莫力庙村西南侧，靠近莫力庙遗址，此井建造于1660年前后。据记载，井的东边266米处是莫力庙原址，据说，该井最多时供养1000余名喇嘛、2000名喇嘛兵和2000匹战马，而水位不降。井口成六方形，上有井亭。井壁皆为榆板镶嵌，井水清冽甘甜，传为莫力庙众喇嘛所饮用的圣水井，据说早年无论多少人饮用，水面始终与井口平齐，从不下落。时至今日该井由于多年废弃，加上自然水位大幅下降，目前已经已干涸。

鼎合尔井，因为靠近莫力庙而出名。这口井也是当时莫力庙被毁后遗留下，虽然井已废弃，但直到今天，井口还张

着……像是在对人们倾诉，莫力庙那些久远的故事。莫力庙村民多为蒙古族，并信仰佛教，他们视该井为莫力庙的化身，十分注重保护，直至今日还不时有村民到井前从事祭祀活动。

"鼎合尔"是藏语天文地理之意，此井因鼎合尔庙在附近而得名。因井壁和渗水层都是由榆木板卯合成的正六边形，因而被惯称为六面井。

走近莫力庙民俗旅游区，总能感受到那厚重的历史沧桑感，这里曾留下那么多的历史传说，让南来北往的人流连忘返。鼎合尔井，因莫力庙而出名，也必将因莫力庙的重新复建，而再次扬名。

鼎合尔井

全貌

‖62‖ 奈曼旗卜氏家族墓地 —

撰稿：闫洪森
摄影：刘伟臣

通辽市重点文物保护单位。

位于奈曼旗青龙山镇西北300米。墓地东西长50，南北宽40米，面积2000平方米。据考证，卜氏家族先人出自周文王（姬昌）第14子舒锈。 68世后裔卜云程，道光五年科顺举人、科联捷进士、钦点即用知县，分发河南特授陈州府项城知县、黄河道治理黄河总管。道光二十八年父母辞世，安葬此地。同治十一年，卜云程病故，葬于父母身边。碑文记载称，卜云程死后得赠朝议大夫、户部陕西司主事，加三级，墓地及碑文保存尚好。

墓碑

进士新茔是青龙山镇也是奈曼旗一处重要的人文景观，是清代道光年间进士卜云程的家族墓地。墓地"筊带环周，群峰拱也；明堂开拓，泉水朝也；以蓄稼穑，土性甘也"。石雕、石刻等数十件，卜崇光、卜云程的两块墓碑及其碑文依稀可辨。卜氏家族在清代曾出过两位进士。卜云程，道光六年（1826年）丙戌科联捷进士，钦点御用知县，特授河南陈州府项城县县令，"堂悬明镜，人颂青天。二年之间，犬不夜吠，民咸便之。"卜云程最高官至"黄河道"，后来辞官回乡，耕田教子，著有《思益斋诗文稿》。其侄卜燕宾，光绪丁丑科进士，钦点主事，签分户部陕西司行走，做过直隶州知州、山西沁州知州，著有《退思斋诗文稿》。

远景

‖63‖ 奈曼旗札萨克墓地

撰稿：刘伟臣
摄影：刘伟臣

通辽市重点文物保护单位。

位于奈曼旗大沁他拉镇双合村西北。墓地东西长100、南北宽100米，面积1万平方米。正北距西湖渔场场部3000米，西侧500米为辽河油田。墓地内埋葬着奈曼旗十几任札萨克及家眷。早年被西湖水浸泡（现已干涸），札萨克墓地淹没于西湖水库。如今墓地损毁严重，已辟为耕地。札萨克墓地遗址地表散落大量的青砖、瓦当等遗物。由于遭多次破坏，札萨克墓地的墓葬形制、规模及数量不得而知。

清代将蒙古族住区分设为若干旗，每旗旗长称为札萨克，由蒙古的王、贝勒、贝子、公、台吉等贵族充任，管理一旗的军事、行政和司法，受理藩院和将军、都统监督。下设协理台吉二人或四人，助理旗务，官属有管旗章京、副章京、参领、佐领和骁骑校等。在奈曼旗札萨克治理旗政的300年中，曾有12世16人世袭多罗达尔汉郡王爵位，充任了旗札萨克职务。

奈曼旗第一代札萨克为衮楚克。从此历经16任郡王，统治奈曼三百余年。此后

便有了奈曼旗之行政区划和军政合一的札萨克体制。

　　奈曼旗被列为外藩蒙古内札萨克旗，直隶于清廷理藩院。这一机构体制一直延续到20世纪30年代。

扎鲁特右旗札萨克印

全景

‖64‖ 扎鲁特旗固伦雍公主墓地 ──────

撰稿：闫洪森
摄影：刘伟臣

通辽市重点文物保护单位。

位于通辽市扎鲁特旗黄花山镇前德门嘎查西南3公里处。

1977年，哲里木盟博物馆工作人员扎鲁特旗黄花山镇前德门嘎查西南3公里处的清固伦雍穆长公主墓进行了清理发掘。据当地人介绍，此墓地表建有护墓的庙宇。1947年这里还有喇嘛三四十人在此守陵。土地改革时这些喇嘛被赶走，庙宇遭破坏。墓地的周围植有大片榆林。禅院虽小，但整洁肃穆。此墓是当地的一位农民在地表起砖时发现的。

扎鲁特旗固伦雍公主墓的墓顶距地表深1米，砖室券顶长1.8、宽1.6、高1.9米。墓门西南方向。门内竖置墓志一合，用两条铁箍紧固着。公主火葬，骨灰置于一银质骨灰盒中。墓室内另有一青花葫芦形的瓷瓶，用黄缎包好放置在墓室的西北角，内装糜子和一些珍珠、玛瑙、玉石等。

骨灰盒呈庙宇式建筑，屋顶正中置一火珠、鸱尾、脊兽尚存，屋顶的瓦垅为银片制成，用银钉铆于屋顶之上，沟滴瓦当

远景

冲压成卷云和兽面纹，极为精制。但出土时所有瓦片已全部被盗走，只余几个沟滴和瓦当。屋顶就是骨灰盒的盒盖，可以开启，左右各有两个吊环与前墙上的环耳扣合并用吊勾锁紧，整个建筑为一体。屋檐下竖圆柱十根，左右各一，前后各四，整个建筑为迴廊歇山式。置于一个砖石结构的台基之上。骨灰盒的屋顶上放一个罩，周围束有围裙，其下放一双层坐垫。坐垫、围裙、顶罩都是用金银线刻丝彩色团龙织锦制成。出土时金碧辉煌，使整个骨灰盒显得肃穆而庄严。墓志为汉、满文合璧镌刻，为康熙御制。

固伦雍穆长公主（1624～1641年）。清初人，满族，姓爱新觉罗氏，名雅图。是清太宗皇太极和孝庄皇后的第四个女儿，被封为固伦公主。崇德六年（1641年），父皇太极接受了科尔沁左翼中旗和硕卓里克图亲王乌克善为其子弼尔塔哈尔尚公主的纳聘礼，下诏把固伦公主嫁给了弼尔塔哈尔为妻。弼尔塔哈尔是孝庄文皇后的亲侄子，与固伦公主是表兄妹结亲。崇德八年（1643年），弼尔塔哈尔授固伦额附仪。康熙五年，袭和硕卓里克图亲王爵位。康熙六年卒。顺治十四年（1657年），固伦公主进固伦长公主，康熙十六年（1659年）改封兴平长公主。后又改为雍穆长公主。婚后所生子女不详，只知道长子是鄂齐尔。康熙十七年（1678年）公主病逝，享年50岁。生前信佛，死后火化，葬于今扎鲁特旗前德门苏木（乡）的南面丘陵之中。

固伦雍穆长公主墓为庙宇状骨灰盒，墓志现被珍藏在通辽博物馆内。

银质骨灰盒

墓砖标本

墓志

墓志盖

盗洞

⫶65⫶ 扎鲁特旗喇嘛墓群

撰稿：闫洪森
摄影：刘伟臣

通辽市重点文物保护单位。

位于扎鲁特旗巴雅尔图胡硕镇海日罕村西北6公里，在鲁霍公路GK7500公里的北侧，占地面积4万平方米。共计有368座墓葬，东、西、北三面环山，环境幽雅，林茂草盛，风景秀美，其墓葬形制有的是地表用石头垒起圆状，直径2～3米不等，高1.5～2米左右，有的是用清代青砖砌筑成正方形。高0.8～1.5米，墓葬排列形状为东西走向，206座墓是石头砌垒，162座青砖砌筑，94座早期曾用白灰粉刷，最大的12座，墓主身份较高者居中间位置。据考证，该墓葬主人大多是扎鲁特旗海日罕庙家喇嘛，死后葬于此地。

资料记载，通辽地区佛教流传由来已久。清时期佛教更是兴盛。明崇祯七年，后金八年（1634年），纳济脱音应皇太极之邀，带领察罕佃齐呼图克图前往盛京（今沈阳）拜见皇太极，归附后金。皇太极请涅只·脱音到东蒙古科尔沁传教。清崇德元年（1636年），涅只·脱音首先到达图什业图旗传教。科尔沁图什业图亲王巴达礼，札萨图王巴达齐等人在涅只·脱音的教化下皈依佛门，通令禁止萨满教。其次，涅只·脱音到科尔沁卓里克图亲王乌克善处（即科尔沁

左翼中旗），不久科尔沁王公集于涅只·脱音喇嘛驻地白音胡硕，建立黄教寺院遐福寺—称"白音胡硕庙"，奉藏大藏经，以其成为喇嘛常住之所。涅只·脱音在科尔沁蒙古王公的支持下，向属民们宣布："为了抵制萨满，弘扬佛教，凡是能背诵'秘密经集要'（喇嘛教经典）的赏马一匹，能背诵'阎罗德迦咒'的，赏牛一头。"先学会的人果然得到马和牛，更多的人也都仿照学起来，喇嘛教于是在科尔沁地区得到深入广泛传播。而传教的喇嘛遍布科尔沁地区，扎鲁特旗尤甚。

扎鲁特旗喇嘛墓群的发现，对研究蒙古民族宗教文化有着不可替代的价值，喇嘛墓群具有很高的历史、研究价值，扎鲁特旗喇嘛墓群到目前为止得到较好的保护。

远景

‖66‖ 库伦旗三大寺

撰稿：闫洪森
摄影：杨卫东

全国重点文物保护单位。

　　三大寺是兴源寺、象教寺、福缘寺的合称。库伦三大寺位于库伦旗库伦镇城中心部位。兴源寺、福缘寺、象教寺北依高坡，分层建筑，蔚为壮观。库伦旗是清代内蒙古唯一实行政教合一的喇嘛旗，是蒙古族崇尚的宗教"圣地"。

　　库伦旗"三大寺"为清代初年建筑，总占地面积11万平方米，现存古建筑群占地面积5.9万平方米，建筑面积6400平方

三大寺远眺

米。其中兴源寺是原锡勒图库伦喇嘛旗主庙，始建于清顺治六年（1649年），距今已有300多年的历史。象教寺位于兴源寺东侧，始建于清康熙九年（1670年），统称"上仓"，是旗札萨克达喇嘛的居住地和办公场所。福缘寺建于清乾隆七年（1742年），是清代库伦旗财务机构所在地。"三大寺"在建筑结构上采取汉藏风格相结合，三面环水，北面靠山，是一座气势恢宏的古建筑群。兴源寺是旗政教中心，福缘寺为财政中心，象教寺为喇嘛住所。新中国成立初期的土地改革运动和后来的"文革"运动中，"三大寺"曾不同程度地遭到了冲击和破坏。十一届三中全会以后，政府重视和加强

历史文物的保护工作，先后对"三大寺"进行多次整修。

兴源寺为藏传佛教寺庙，位于库伦镇中街北侧，兴源路北端的倾斜地上，北靠缓坡，南临小河，地势极佳。它是锡勒图库伦主庙，是库伦旗最早的规模最大的寺庙，不仅规模宏大，并且造型美观。它是清代锡勒图库伦政治和宗教统治的中心，又是内蒙古唯一的政教合一的寺庙，至今保存完整。

兴源寺始建于顺治六年（1649年），是库伦旗第三代札萨克（摄政）达喇嘛，锡埒图绰尔吉（住持法王）、扎木林班智达希布扎贡日等人所建，竣工于顺治七年（1650年），五世达赖喇嘛赐名噶丹却让，后来清廷赐名兴源寺，顺治皇帝亲赐匾额。后于康熙四十九年（1710年），在正殿左右两侧增建厢殿各一座。康熙五十八年（1719年）至雍正二年（1724年），利用六年时间进行大规模重修和改建，使其有了较大的改观，在原正殿前边沿中轴线，修建了山门殿、天王殿，原大雄宝殿的位置向前延伸，扩建为面阔九间，进深九间，众称九九八十一间的正殿建筑。在大殿两侧对称地修建了配殿、钟楼和鼓楼。其后历任札萨克达喇嘛屡有修葺，但只是局部和小规模修缮。光绪二十五年（1899年）至二十七年（1901年），进行了一次大规模的改建和扩建，主要是将大正殿翻修，将原来的汉式建筑改为藏汉结合式二层殿宇，同时增建了后殿和东西配殿、嘛呢殿、天王殿等众多庙宇，并在兴源寺和象教寺（与兴源寺相邻）四周筑起高大坚固的砖石围墙，使兴源寺和象教寺连成一片，形成了一座规模

兴源寺正殿

宏大的建筑群，占地面积2.5万平方米，工程历时三年。

兴源寺规模宏大，气势雄伟，占地面积14万平方米，地势北高南低，主要建筑以嵯峨险峻的高山峡谷做骨架，辅以清河旷野，北靠巍巍群山，南临穿街越巷的库伦河，山水相依，均在一条中轴线上，从南到北，一连四进院落，七座殿堂，众建筑依山排列，随山势上升，层层拔起，层层递进，层层升高，布局得体，前后照应，左右对称。山门前有一对旗杆，一双石狮子，石雕佛像一字排列，构成一个不可分割的整体。山门殿（即转轮殿）为单檐歇山顶，面宽三间，中间辟洞，中为通往内院的大门，左右两间各置一个木制转经筒（亦称玛尼轮），高八尺，直径四尺，以六字真言装藏。僧俗信徒进香拜佛时转动经筒，求福积德。寺院门楼宽阔巍峨，门前两侧立一对狮子，高五尺，还有

一对旗杆，高六丈余。平时出入寺院走山门两侧便门，举行重要法会时才开三门。

第一进院落是天王殿，三间，结构与山门殿相同。殿内两侧供奉着各具雄姿的四大天王（即四大金刚）泥塑像。须弥山周围大海中四大部洲之主，各持宝器，脚踏八怪，形态逼真，威震四方。天王殿院内东西两侧，左有钟楼右有鼓楼，十分高大。天王殿大门只有在举行法事活动时才能敞开，平时出入仍走两侧便门。

第二进院落，左右各有三间歇山式配殿，左为罗汉殿，殿内供奉着栩栩如生的十八罗汉铜像，右为护法神殿，殿内供奉着藏传佛教密宗诸护法神塑像。在护法神殿的台阶下，有一块直径约为一米，形状像锅盖似的生铁嵌在地面上。

第三进院落是大雄宝殿，是兴源寺的主殿，占地面积为879平方米，大殿面宽九间，深进九间，共81间，前山抱厦五

间，平面呈丁字形，五间抱厦由六根方形石柱支撑。大雄宝殿建在宽阔的台基上，是全寺的最高处，上下两层，居高临下，庄重威严，显得十分雄伟壮观。大殿在康熙五十八年（1719年）至雍正二年（1724年）间进行一次较大规模的扩建，后来光绪二十五年（1899年）又一次扩建，形成了汉藏建筑风格融为一体的楼阁式的九九八十一间大殿。

第四进院落，正面为嘛呢殿（即玛尼庙），面阔三间进深三间的歇山顶建筑，门前两侧各有四座木制转经筒，殿内供奉着观世音菩萨。嘛呢殿后面为额和殿（即母寺），是顺治年间建造的兴源寺正殿，是五间歇山式建筑，东西各有三间配殿，殿内主供燃灯佛（即迦叶佛）、释迦牟尼佛、迈达尔佛（即弥勒佛）等三世佛。后殿由后正殿、品字形禅房组成，后正殿在前，禅房在后。这是当年札萨克达喇嘛

兴源寺鼓楼

库伦旗象教寺

处理日常政务和教务之处。正中禅房为起居室，两侧禅房为侍从住所，现在保存完好。幸存的正殿和后殿，占地面积1500多平方米，虽然年代久远，历经风剥雨蚀，但仍不失其固有的宏伟和庄严。

1986年，库伦旗人民政府对兴源寺进行维修，使这座规模宏大、造型美观的名寺古刹几经修缮，现已面貌一新，如今更是有近二十名喇嘛在寺内外从事佛事活动。

库伦象教寺为藏传佛教寺庙，位于库伦镇中街北侧兴源寺东边，是库伦旗三大寺之一，是锡勒图库伦旗最高首领札萨克达喇嘛的行使政教权力的中心，也是全旗政教合一的掌印机构。这里既是寺庙，又是衙门，俗称王爷府庙。

象教寺，始建于清康熙九年（1670年），由山门、迈达尔佛殿、阿尤喜佛

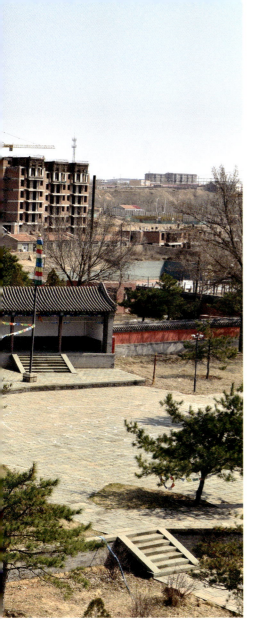

式高台，跳舞时有关喇嘛和僧乐队在此诵经、伴奏。山门前方有一眼井，井的西侧是五间伙房，内有两口大铁锅，法会期间在此熬僧粥供给大家食用。

象教寺的山门在围墙内，山门为三间歇山顶建筑，辟有三个门，中间大，两侧小，平时出入走两旁便门，法会期间才开中间大门。山门两旁各有两间正面敞开的圆山顶耳房，建在约五尺的台阶上，呈扇面状，东耳房朝西南，西耳房向东南，跳舞时札萨克、德木其等僧官们在此就座观赏。

从山门进入第二层院落便是正殿，迈达尔殿，为三间单檐歇山顶式建筑，这是本寺主庙。正殿门前悬挂着满、蒙、藏、汉四体文—象教寺横匾，殿内供奉着有一人多高的迈达尔佛（即弥勒佛）铜像。正殿两侧有二十余间通檐过脊的圆山顶厢房，内有喇嘛的住房和膳房。正殿后面有一堵花墙，正中为一座萃华门（也写作垂花门），两旁各有一座月亮门。

从正殿进入第三层院落便是阿尤喜（即无量寿佛）佛殿，为五间歇山式建筑，这里是札萨克达喇嘛供佛、拜佛和诵经的场所，也是行使政教合一制度的中心。两侧各有六间圆山顶相房，与第二层院落厢房相连，是喇嘛印务处办公的地方。正殿后面建有度母殿，是一座五间歇山式建筑。紧靠其西面有一座三间歇山式客厅，这是札萨克达喇嘛接见客人和宴请宾客的场所。在阿尤喜佛殿东侧，有一处独立的、封闭式的院落，其围墙与外面围墙一般坚固和高大，南面靠西有一扇门，拾级而上，进门迎面是磨砖对缝砌成的小型影壁。院内正面为五间四柱堂屋，方形

殿、度母殿、玉柱堂等建筑组成。象教寺在建筑格调、建筑布局上具有与其他寺庙迥然不同的特点。庙前有一个长方形广场，为一进院落，这是每年正月十五和六月十五，三大寺的喇嘛们举行大型法会时，跳舞的场地。广场南侧靠近围墙处有一堵歇山式八字形影壁墙，高有一丈余，宽十余丈。整个影壁犹如一扇高大的屏风，与山门遥相呼应。影壁墙下有一炕

象教寺查玛舞广场

石柱上刻有蒙古文对联，人们称玉柱堂（也称玉柱厅），这是札萨克达喇嘛举行庆典活动的地方，每年元旦、春节期间，札萨克达喇嘛在此接受印务处的官员们前来拜年献哈达。紧贴玉柱堂东侧有三间楼阁，是札萨克达喇嘛的办公场所。在其东侧有三间翼房，是札萨克达喇嘛的寝室和膳房。玉柱堂西面有一扇随墙门，门的北侧利用围墙和堂屋的夹缝修了一间小平房，当做值班室，向西开一窗户，如果有人因事求见札萨克达喇嘛，即到此窗前向值班喇嘛说明来意，等候传达。整座院落显得幽雅古朴，十分宁静。由上可见，为适应札萨克达喇嘛居住和喇嘛印务处办公

的需要，在建筑格调、布局上与其他们寺庙迥然不同。全寺整座院内百余间房屋、殿堂中，佛殿只占四分之一的面积，其余四分之三的面积均为札萨克达喇嘛和掌印机构所占用。因为象教寺是札萨克达喇嘛居住、办公之所，又是喇嘛印务处所在地，通称为上仓，含有公寓、寓所之意。

象教寺几经破坏。2008年库伦旗政府投入大量资金用于维修象教寺迈达尔殿等古建筑。

2010年库伦旗旅游局、库伦"三大寺"管理委员会在整修恢复"三大寺"过程中，在象教寺发现40幅戏曲彩绘图画。经考证，这批彩绘在象教寺修建伊始就已

存在，距今已有340年的历史。彩画大多完整清晰、色彩鲜艳，内容均是传统戏曲故事，涉及战国、三国、隋唐、宋、明诸代，其中包括《伍子胥》、《马鞍山》等历史故事，也有演义小说故事《杨家将》、《红鬃烈马》，以及根据民间传说、神怪故事改编的《赵州桥》、《五花洞》等。从画面看，当时的戏曲演出服装道具已经与现代十分接近。

福缘寺，藏传佛教寺庙，位于库伦镇中街北侧兴源寺东南50米处，象教寺坡下偏东南，是库伦旗三大寺之一，是锡勒图库伦副札萨克喇嘛、札萨克达喇嘛的法定继承人的寓所，也是清代锡勒图库伦旗财务机构的驻地，故称为下仓，始建于清乾隆七年（1742年），乾隆皇帝赐名福缘寺。现为库伦旗喇嘛活动点。

锡勒图库伦历史上虽然以喇嘛旗著称，但是原来没有佛教学塾。1926年6月，福缘寺开始设立却伊拉扎仓（即哲学学部），并在山门殿前面整修一处广场，做为喇嘛们进行出题辩论的场地。设立却伊拉扎仓的最初，聘请本旗寿因寺迈达里呼图克图来福缘寺做却伊拉扎仓的住持达喇嘛。1929年，从土默特聘请一位喇嘛做住持达喇嘛，后来由修学于拉萨哲蚌寺的毕力根喇嘛继任住持达喇嘛职务。却伊拉扎仓设立初期，与福缘寺没有隶属关系，1928年福缘寺与却伊拉扎仓合并到一起，共有喇嘛121名。福缘寺与却伊拉扎仓合并后，除举办例行法会外，时间最长、颇具特色的是却伊拉法会。却伊拉法会一年四季都要举行，而且每季度分三次举行，第一次为一个月，第二次为20天，第三次为15天。却伊拉扎仓对修学于本扎仓的喇嘛可以授予兰占巴、道仁巴等学位。福缘寺在住持达喇嘛之下设德木齐喇嘛一名，辅佐管理寺庙事务，此外还有尼日巴、包伊达等执事喇嘛。

福缘寺占地面积四千多平方米，坐北向南，其建筑由南向北沿中轴线，一连四重殿宇依次排列，即山门殿、大经殿、供佛殿和老爷庙（即关帝庙）等建筑群，另有东西廊房、偏殿、钟鼓楼，对称配合，围成了一座三合院，寺后有一座佛塔。

山门为三间歇山顶建筑，中间辟门，门道两侧为四大天王塑像，状态各异，惟妙惟肖。其前立有两排木架，上置伞、扇、旗、仗等仪仗器具。门洞上方正中间悬挂着蓝底

象教寺山门

三大寺法事活动

金字福缘寺满、蒙、汉三体文匾额。山门两侧均有一扇旁门，平时供人出入。

大经殿为藏式二层楼阁，面宽五间，进深五间，故称25间殿，在这里举行各种佛事活动。昔日，札萨克达喇嘛及住持达喇嘛就在此带领徒众诵经拜佛，阐述教义，整饬教规，弘扬佛法。殿前东西两侧各有三间配殿，还有钟楼和鼓楼。

三大寺管理处

供佛殿，是福缘寺的主庙，其建筑在锡勒图库伦所有寺庙中独具一格。五间重檐式殿顶建筑，其重檐下三层斗拱，层层伸出，花板彩绘，前檐出廊，内外檐的梁、柱都有旋子，方格天花板和多边形藻井均为彩绘雕刻，细腻逼真，装饰精细。明间并开三门，尽间装置棱窗，门前有月台。殿内主供迦叶佛、释迦牟尼佛、弥勒佛等三世佛。殿前东西两侧各有三间配殿，是歇山式建筑，东配殿里供龙王，西配殿里供护法神。

老爷庙，是歇山顶二层建筑，面宽五间，庙内主供关羽神像。老爷庙东面有一处活佛府，是迈达里呼图克图讲经时下榻之处，西面一间放置刀、鞍、辇之类物品。二层楼上有一座三尺多高的鎏金铜制舍利塔，是主持建造福缘寺的第十二任札萨克达喇嘛阿旺札木扬的骨灰塔，一度使徒众仰而敬之。在东西廊房的南端各有三间偏殿，分别供有龙王和护法神。偏殿与山门之间，又有钟楼和鼓楼分列左右，东西对称呼应。福缘寺东侧有一座大跨院，

有五十余间房屋，是札萨克达喇嘛退休后养老的寓所。此外，还有执事房、膳房、库房等建筑。

福缘寺现存部分面积达2000千余平方米，各种建筑保存尚好。福缘寺多次遭受破坏。20世纪80年代，库伦旗逐步恢复了日常宗教事务，招集喇嘛到福缘寺休养生息，进行法事活动，并在每月初一、十五在寺内举办库伦庙会。1986年库伦旗人民政府对福缘寺进行维修，使福缘寺这座古寺面目一新，重放昔日光彩。

2009年以来，库伦旗投入1.42亿元资金启动了三大寺抢险修复、周边环境整治与旅游开发工程，拆除三大寺周围违规建筑，修复复建16栋寺庙及附属建筑，恢复了三大寺原貌。

三大寺建筑集满、蒙、藏等多民族文化于一体，风格独特。库伦三大寺，厚重的历史内涵，辉煌的寺庙建筑，具有极高的历史、宗教研究和艺术价值，并含有深刻的民族文化内涵。

▓67▓ 库伦旗寿因寺

撰稿：闫洪森
摄影：刘伟臣

全国重点文物保护单位。

又称迈德尔格根庙，位于库伦旗库伦镇西南44公里，属地为扣河子镇格尔林村，是东北地区仅有的三大葛根庙之一。寿因寺始建于清雍正年间，并由雍正皇帝钦定赐名，其原址因经常受厚很河水威胁，十世迈德尔呼图克（活佛）宝音楚古拉在旧址北面800米处重建，即现在的寿因寺。

寿因寺由大雄宝殿（正殿）、时教金刚殿、天王殿、钟鼓楼等9座殿堂组成，寺外还有葛根殿、都伊喇扎仓、庙仓和3座舍利塔，"文革"期间惨遭破坏，现仅存正殿，即今称的寿因寺。

寿因寺是汉藏结合二层三顶式建筑，正面是前出抱厦三间，由四根石雕明柱支撑，斗拱木雕工艺精美，虎、象兽头栩栩如生。殿内一层由49根油漆明柱支撑着64间大殿，中央四根方形"通天柱"直贯二层天顶，"通天柱"的四面是断檐围城式建筑，柱顶雕龙头为屋檐斗拱，檐檩上绘有精美的彩绘，技法独特。二层为三顶建

大殿

大殿

大殿

筑，前顶为圆形顶，天顶和后顶为单顶歇山式；东西为回廊。

前顶室，正面是对开的四扇门可以进入前廊，屋檐下的装板上画有多幅佛像，形象各异，门的两侧为圆形雕刻花窗，图案精妙。走出前顶室步入二层平台，可见天顶的正面全景，天顶为挑檐单顶式建筑，正脊宝顶座用雕刻的青砖垒制，两侧是用青砖雕刻的两条巨龙，图案清晰，是珍贵的砖雕艺术。正面是三间排门，门上为花式格窗，檐下装板上有各种图案的浮雕，东西两侧为方格窗，北面是木板墙，檐下绘有各种神态佛像。天顶室两侧均可转到第三室，第三室正面布局与天顶大体相同，室内没有地板与一楼相隔，在一楼可见二层屋顶，只是在东南西三面延伸出了50厘米宽的屋檐可以行人，东西两面是木制板墙，上面绘有千佛图。鸟瞰该寺，二层仿佛一巨大"回"字。

寿因寺主要建筑原有山门、四大天王殿、钟楼、鼓楼、大雄宝殿、东西配殿、供佛楼和各扎仓殿等，现在只留下大雄宝殿。殿内北墙中央供奉着释迦牟尼佛，释迦牟尼佛两侧站立着他的弟子；释迦牟尼佛西边供奉着药师佛，药师佛两侧站立着他的弟子；释迦牟尼佛东边供奉着大威德金刚等造型各异的诸多护法神。大殿的东西两头安放着甘珠尔和丹珠尔经。

寿因寺始建于何年，说法不一。据考证，可能初建于清顺治年间。据说，此庙

大殿壁画

最早是由土默特左翼部所建，为供养迈达里呼图克图而建的。由于第一世迈达里呼图克图初来内蒙古传教，先在西部地区美岱召坐床，后随土默特左翼部东移，在那里建庙并长期定居。但仍承认西部土默特迈达里召（即美岱召）为主庙，东部迈达里葛根庙（即寿因寺）为分庙，因而历史上相互往来不断。以后的康熙元年（1662年），在此处建立唐古特喀尔喀旗，寿因寺也成为该旗唯一的寺庙，但该旗仍然是土默特左翼部附属旗。雍正七年（1729年），兴建却伊拉扎仓（即辩经殿）；乾隆七年（1742年），先后修建曼巴扎仓（即医学殿）、丁科尔扎仓（即时轮殿）、卓德巴扎仓（即密宗殿），拥有了四大扎仓。寿因寺后因年久失修，寺庙破损，再加上位于河畔低洼处，每逢雨季便受到威胁。为此，八世迈达里活佛决定搬迁和重建寿因寺，于1921年破土动工，到1928年竣工。这项历时七年的重建工程，耗资巨大，除邻近诸旗王公札萨克的资助之外，又将两个庙仓近二十年的全部积累投入其中，才告完成。

寿因寺金碧辉煌，殿宇富有宗教气氛，建筑具有浓郁的民族特色，寺内供奉千姿百态的佛像以及精美的雕刻、泥塑、壁画等艺术，给人一种古老文明和佛世界的神秘感。

⫽68⫽ 库伦旗吉祥天女神庙

撰稿：闫洪森
摄影：刘伟臣

内蒙古自治区重点文物保护单位。

吉祥天女神庙于库伦旗库伦镇东，现库伦第一中学东院内。吉祥天女庙主体建筑三间歇山式正殿，殿内供奉着锡勒图库伦的主神——吉祥天女神像，东西各有三间配殿，歇山式建筑。前边有山门殿、诵经殿和天王殿，诵经殿内藏有藏文甘珠尔和丹珠尔经各一套。院内西南角建有一座法王宝塔（俗称诺们汗塔），是吉祥天女神庙的建造者、锡勒图库伦第三任札萨克达喇嘛、班第达诺们汗西扎布衮如克的骨灰塔。

目前整个吉祥天神女庙，完整保留的有正殿和东西配殿。正殿已经重修完毕，东西配殿也正在内外重修之中。翻修一新的三间歇山式正殿内，靠北墙供奉着吉祥天女神，靠东墙供奉着观世音菩萨，靠西墙供奉着关公。东西各有三间歇山式配殿，西配殿内供奉着藏传佛教格鲁派诸多护法神塑像，东配殿内供奉着十八罗汉造型各异的塑像。2005年对吉祥天女庙进行一次瓦屋面和彩绘维修。东西配殿各三间硬山式建筑，保存较好，另有诵经殿和山门已失存。2005年在天女神庙西南角原址上建造了诺门汗塔。

清初，西扎布衮如克（又写作希巴主贡日）简称西扎布。奉五世达赖喇嘛和四

吉祥天女神庙全貌

诺门汗塔

世班禅大师的授意，东往后金开展弘法事业。他前往后金盛京（今沈阳），离开西藏前辞行时，五世达赖喇嘛罗桑嘉措从自己供奉的诸佛像中，取一幅吉祥天女神画像赠予他。后来，西扎布喇嘛在盛京皇寺（即实胜寺）诵经礼佛，他一直将吉祥天女画像作为护法神，供在身边。顺治三年（1646年），清世祖授予西扎布喇嘛为锡勒图绰尔封号，赐札萨克印鉴，命住库伦，统领政教，从而成为锡勒图库伦第三任札萨克达喇嘛。次年春，始建寺庙，铸塑佛像，招集喇嘛，举办法会。顺治八年（1651年），西扎布喇嘛奉诏入京师，清世祖授予他班第达诺们汗封号。翌年六月，清世祖为迎接五世达赖喇嘛，特地降旨宣西扎布诺们汗，参与迎接五世达赖喇嘛的各项礼仪活动。顺治十二年（1655年），西扎布诺们汗奉清廷之命，在京城负责接待五世达赖喇嘛的任务完成之后，提出辞呈。西扎

正殿

东配殿

布诺们汗卸职后返回锡勒图库伦仍留居在
此，虽然离职退休赋闲休养，还主持建造
吉祥天女庙，并把吉祥天女神像安放于此
庙，作为锡勒图库伦的主神来供奉，同时
立下了举办各种法会的规矩。从此吉祥天
女神在锡勒图库伦僧俗信徒中影响极大，
备受人们的崇信。

西配殿

　　吉祥天女神庙建筑展示特有的宗教寓
意和象征的表现手法。吉祥天女神庙融
汉、藏、蒙建筑艺术于一体，具有鲜明民
族特色和强烈的地方特征。吉祥天女神庙
有着较高的历史价值、独特的艺术价值和
深刻的文化内涵，成为我国北方草原少数
民族建筑艺术和佛教艺术的奇葩。

⫼69⫼ 库伦旗绰尔济庙

撰稿：闫洪森
摄影：刘伟臣

通辽市重点文物保护单位。

位于库伦旗库伦镇中街北侧库伦镇中心街嘛呢图河北岸蒙药厂院内，主体完整，2002年库伦旗蒙药厂出资修缮了该庙的瓦屋面和门窗，现做蒙药厂药品陈列室。绰尔济庙始建于清代，为三间硬山式砖木结构建筑。

绰尔济庙为三间硬山式建筑，庙东西长11.5、南北宽9.10米，总面积100多平方米。主供三世佛，并供奉一个顶盖骨碎片，其上面有藏文"啊"字，据传是某女神的顶盖骨，故该庙称女神庙，此外该庙又供奉一只右旋海螺，据传这只右旋海螺具有一种奇特的功能。如遇特大暴风雨，只要吹响这只海螺，暴风雨立刻就会平息。据说该庙系白音花苏木白音花村居民所建。

寺庙文化作为一种特殊的文化，多少

绰尔济庙

绰尔济庙

绰尔济庙

年来一直影响着蒙古族传统文化的发展。曾经长达300多年的政教合一体制，造就了库伦旗古老、神奇、灿烂的宗教文化，使藏传佛教、中原文明、北方游牧文明在这里交融。作为喇嘛旗的库伦，清政府给予其他蒙古旗所没有的优惠待遇，使这里形成了一个"特区"。频繁的宗教活动，除吸引来周围蒙古信众之外，也有来自内地的汉人到此经商，不久就形成繁华的街市。同时，持续不断地寺庙建设又使得大批汉人工匠、画匠常年居住于此，并有的在此安家落户，使库伦成为清代早期中原文化最早渗入的地区。

绰尔济庙是具有浓郁民族特色的建筑，给人以古老文明和佛世界的神秘感。

‖70‖ 库伦旗老爷庙 ——————

撰稿：闫洪森
摄影：刘伟臣

通辽市重点文物保护单位。

位于库伦旗库伦镇喇嘛图河北岸，养畜牧路东侧，库伦镇中街北侧1500米处蒙药厂院内。老爷庙始建于清代，三间硬山式砖木结构建筑。庙东西长10.8、南北宽9.6米，面积为103.68平方米，老爷庙主体完整，为三间硬山式建。

库伦旗老爷庙（又称关帝庙），旧址坐落在库伦旗中街西端，建于清康熙十五年（1676年）。由库伦、土默特、冰图、敖汉等旗的蒙古族和汉族联合建成，关帝是该庙的主神。库伦关帝庙分东西两个建筑群，中间有角门相通，四周有高大的青砖围墙。农历三月十五日为阎王庙会，俗称鬼节，四月十八日为娘娘庙会，四月二十八日为药王生日会。加上进香、许愿、施舍的各路善男信女纷至沓来，关帝庙终日香火不绝。但规模最大、场面壮观

老爷庙

老爷庙

的是农历五月十三日的关帝庙会，俗称老爷出巡或洗大刀节。土地改革后，库伦关帝庙逐渐遭到破坏，1960年因修水坝，完全毁掉。

清朝初期，中央政府在东北分别推行州县、镇戍和盟旗统治，关帝庙只见于东北南部，但随着移民的不断涌入，热河和科尔沁蒙地，以及吉林和黑龙江地区都陆续建立起关帝庙。关羽成为居民最为崇拜的神灵。多数喇嘛庙修建之初是没有关羽位置的，但在汉族移民不断迁入的情况下不得不增修关帝庙，地位也在逐渐上升。

库伦三世大喇嘛西布扎于顺治十二

（1655年）建造吉祥天女庙，把吉祥天女尊为库伦的主神。移民进入以后，于康熙十五年（1676年）修建关帝庙（即老爷庙），供奉关羽和中原汉地诸神。在库伦，每年都举行宗教性质的活动。届时，人们先从关帝庙中请出关羽，用轿子抬着游街，最后到吉祥天女庙结束。当地把这种活动叫关帝拜天女。何以如此呢？据说此时就宗教的地位而言，喇嘛庙是主，关帝庙是客，这基本与当时蒙古人是主，汉族移民是客的现实关系相一致的。

库伦旗老爷庙具有蒙藏汉文化相结合特色，有较高的历史研究和宗教艺术价值。

‖71‖ 奈曼王府

撰稿：闫洪森
摄影：刘伟臣

全国重点文物保护单位。

位于奈曼旗大沁他拉镇王府街西段北侧，东西宽109.30米、南北长192.15米。从1636年至1936年奈曼经历了12世16任王爷，统治奈曼长达300年的时间，奈曼王府也四迁五建。现在这座王府是清道光皇帝的驸马、奈曼第11任郡王德木楚克扎布修建，也是奈曼王府四迁五建的最后一座王府。奈曼王府始建于清同治二年（1863年）。

奈曼王府的全部建筑有房屋190余间，为一方形大院。院内双重建筑格局，形成院内有院的建筑结构。原王府建筑大部分已毁掉，现存部分仅为原王府的三分之一多，王府现占地面积9900平方米。为恢复王府原貌，奈曼旗政府2000年将王府

全景

大门正面

西侧行政及事业单位迁出王府，2005年又将后院奈曼旗业余体校迁出王府原址。

王府系奈曼旗最高行政长官札萨克生活和办公的地方。整个蒙古王府原址占地面积22，500平方米，是一左右对称的四合院，东侧为王府卫队驻地，西北为设有档事房，属左武右文藩屏王府。东北为王爷所住四合院，正北为王府花园，四角设角楼。土府建筑全部使用青砖灰瓦，封闭式建筑，高台基，多圆柱，前廊后厦，典雅考究，呈一方形大院，典型的清代台榭回廊式建筑风格。

奈曼王府原址的全部建筑规模较大，从总体看，为一封闭式台榭回廊左右对称的四合院。分解来看，前后为三层套院，中间有一封闭式四合院，外边院墙高大又形成了一个大四合院。王府东侧为王府卫队驻地，王府西北设置了王府办

事机构——档事房，左武右文藩屏王府。中心四合院是天井回廊式建筑，墙体建筑全部使用白灰浆适量加入糯米浆，白撕缝而成。滴水瓦当，前有檐柱，内有金柱的明清建筑特点。整个建筑全部使用青砖青瓦，使用等级分明。

王府的主体建筑是王府正殿，沿中轴线建筑，面扩五间，东一间是郡王和福晋卧室，室内陈设华丽，各式家具多用楠木制成，不施彩绘，保持本色。棱窗，隔扇都有万字、蝙蝠、卷草等深浮雕纹饰，做工玲珑纤巧，图案浮凸生动，是不可多得的艺术佳品。正厅是召见王府亲信官员议事之处，每日由拜生达（王府总管官员）向王爷汇禀情况，西一间为郡王书房和装饰品。东西配殿各三间，一色的大屋脊青砖瓦房，兽头瓦当。叶脉纹滴水，檐下均为丹青彩绘。西配殿门上侧画山水、青

竹、菊花，中间绘张衡、屈原、孔子、李时珍四大杰出人物。东配殿两翼为山水花草，中间绘的是《红楼梦》中的探春、林黛玉、王熙凤、妙玉等。东配殿在第十三任郡王玛什巴图尔执政时，为侧福晋住室。当十四任郡王苏珠克图巴图尔执政时，因侧福晋暂住京城，所以此殿便改为王府官员秘密议事之所。

王府二道串堂门，前廊后厦，大红明柱，丹青彩绘，雕梁画栋，龙头燕尾，木雕花墩，走过串堂门正面是富丽堂皇的两扇朱红大门，门镶金钉，轧铁角，门悬两珠（亦称垂珠门），珠子上方木雕四季花卉，中间木雕蝙蝠，口衔金钱，象征"福在眼前"。门上亮子绘"福、禄、寿"三星。内四合院右侧20米处，大屋脊青砖瓦房，矗立于半米高的台阶上，磨砖对缝，建筑细腻精巧，是王府佛堂。室内正中供奉高大的释迦牟尼贴金佛像，两侧有绿度

第二道串堂门

祖先堂

府门西侧石狮

四合院正门——垂珠门

奈曼蒙古王府芒晋

固伦寿安公主下嫁时陪嫁的瓷墩

母和黄教创始人宗喀巴。每逢祭日，郡王、福晋及眷属偕来佛堂祭祀。

奈曼王府1985年第一次开始维修，1998年再次维修，2006年第三次进行维修，经过三次大规模的保护维修，王府得到全面修缮。奈曼王府的建筑，完美的展示出了清代北方草原独具特色的建筑风格和蒙古民族的聪明才智，是中华民族建筑的瑰宝。

‖72‖ 奈曼旗和硕庙白塔

撰稿：闫洪森
摄影：刘伟臣

内蒙古自治区重点文物保护单位。

和硕庙白塔（即章古台白塔）位于奈
曼旗章古台苏木和硕庙原址北，是清代藏
传佛教重要建筑遗迹。

和硕庙白塔初建于清朝中叶，塔高12
米，塔座、塔瓶、塔刹比例适当，塔座
台阶的佛像浮雕四面对应，工整美观。19
世纪90年代，奈曼旗、喀喇沁旗一带遭受
"金丹道"（亦叫"学好队"）之难时，
白塔被毁。"金丹道"之乱平息后，和硕
庙财力不济，无力及时修复被毁的白塔。
奈曼旗四大寺院的喇嘛，为了修复这座著
名的白塔，几次聚会商量，最后决定集体
出资修建，由奈曼旗大沁庙第六世活佛、
著名佛学家、建筑师扎木样曲德尔（也
写作扎木样却道尔）负责设计、重建和
监修。他奔走于内蒙古东部二十四个旗
募捐建塔资金，历经艰辛，筹足资金。
扎木样曲德尔在西藏学习深造28年之
久，精通寺庙佛塔建筑设计技术，于是自
己动手设计，并亲自管理施工，终于1937
年修复竣工。

和硕庙白塔由青砖砌筑，上圆下方，
浑然一体。上圆不显得轻细，而有劲秀之
感；下方不觉得臃肿，却含稳固之意。白

和硕庙白塔

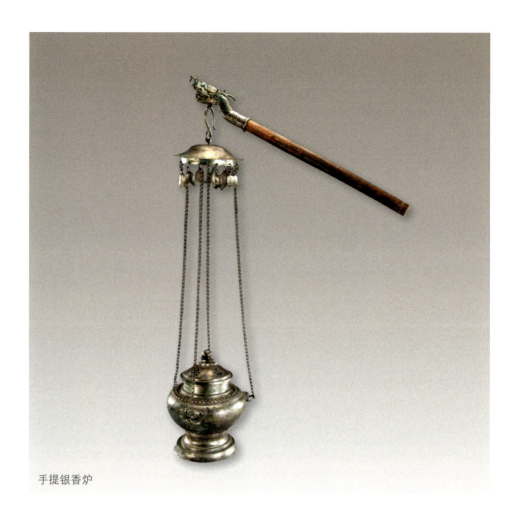

手提银香炉

塔共分五阶，上两阶呈圆状，顶阶装有铜顶箍、十三天、龛门（也叫佛眼）等；下三阶呈方形，次第积迭，每阶都有若干个佛像浮雕。塔身通高13米，塔基呈方形，高宽均为6米，塔基之上为逐渐内收的五层须弥座。须弥座上方为宽大的塔瓶，塔瓶东西南北都有龛门，龛门分东、西、南、北四向，内供有四尊佛像，以藏传佛教格鲁派创始人宗喀巴大士为首。龛门东西南北四向挂有四个响铃，风吹铃鸣，轻风微响，疾风骤鸣，感心动耳。塔瓶上是代表十三天的塔刹相轮，塔顶为日月和光。和硕庙白塔，整个塔形独特，庄重大方，神奇壮观，实可谓藏传佛教覆钵式佛塔的杰作。和硕庙白塔与和硕庙是一组建筑，同是佛门标志，1947年土地改革运动时庙被拆除，仅存佛塔。2006年，奈曼旗政府对白塔进行了全面系统的保护性修缮。

和硕庙白塔是以和硕庙为代表的奈曼24座失存寺庙的重要的历史见证。白塔造型独特，比例协调，小中见大，它的建筑艺术与雕塑艺术都极具特色，为同类型塔中的典型代表。

‖73‖ 科尔沁左翼中旗慧丰寺

撰稿：闫洪森
摄影：刘伟臣

内蒙古自治区重点文物保护单位。 位于科尔沁左翼中旗巴彦塔拉镇东北7公里，白音温都尔嘎查东。慧丰寺是科尔沁左翼中旗唯一现存的寺庙，因九世班禅驻锡而闻名遐迩。近些年来，慧丰寺由于年久失修，大部分木质梁柱裸露在外，逐渐朽烂，墙框也多处倒塌，门窗装饰及壁画全部损坏殆尽。为弘扬蒙古文化史，保护民族文化遗产，对慧丰寺进行抢救性修复。2013年4月16日慧丰寺维修复建工程正式启动。维修内容包括慧丰寺大经堂修缮、山门、东西厢房、三世佛殿、钟楼、鼓楼复建等。

科尔沁左翼中旗慧丰寺建成于清康熙十九年（1680年），是黄教在科尔沁左翼中旗的发祥地。其规模在内蒙古东部地区屈指可数，鼎盛时期喇嘛多达700余人。1927年，西藏黄教领袖九世班禅额尔德尼·却吉尼玛曾来该寺讲经。建国初期，该寺的主要建筑被巴彦塔拉中学占用作为

修复后的慧丰寺

校舍，僧房一部分用做学生宿舍，一部分为当地村民居住。"文革"中期该庙主体建筑尚保存完好，可惜于1970年左右被拆毁。现只存诵经殿一座，（诵经殿现存框架）诵经殿前有8根红色圆柱，此殿面阔7间，为3进式，共21间，每进为一个人字架形屋顶共三个人字架形状呈波浪式，一进比一进高度递增约一米。全殿东西长21、南北宽17米，建筑面积约为357平方米，青砖灰瓦，每间屋脊上镶嵌鎏金顶，最后一间屋顶上镶嵌着各种鸟兽雕刻图案瓷砖。该庙坐北朝南，灰瓦硬山顶，为典型汉式建筑。进深两间，横阔5间，门廊半间。全部彩绘藏式壁画，大都模糊不清。门廊两侧为八吉祥仙女，大殿北墙中心为释迦牟尼及两位贴身弟子迦叶、阿难，其余为佛本生、佛本行故事。如佛诞生、成道、涅槃历历在目。其中佛诞生创意相当精彩，两位仙女手持净瓶从半空中为释迦太子沐浴，这与汉地佛教九龙浴太子题材迥然不同。东西两墙为16尊者及佛母。

慧丰寺最早的建立者是固伦端贞长公主达哲，公主下嫁到科尔沁草原后，于顺治六年（1648年）在巴音塔拉哎勒多罗郡王府东侧五里，希拉木沦河北岸雄伟的大坨子上建了一座只有三间屋子的佛殿，供奉自己从皇宫请来的释迦牟尼佛金像，该庙也就是慧丰寺的前身。

固伦端贞长公主在从全旗征收钱款劳力的同时，又从北京等地请来能工巧匠，在三间佛殿东南方巴音温都尔高坡上新建藏式二层佛殿——纲散殿，并把金佛移到了这座大殿。接下来，又在纲散殿大门处建天王殿，在紧挨纲散殿处

新建苏克勤殿，从而使得寺庙规模得到了很大发展。这是慧丰寺的第一次大的扩建，大约在康熙十九年。此时，正值大清朝四方安定，国力空前繁荣时期，科尔沁左翼中旗黄教也日益兴旺，信徒民众日渐增多，因此，朝廷命名该寺庙为极乐集福寺，又俗称阿贵图召。

六世主持大喇嘛时，用五年时间把拉桑殿扩建为81间大殿。光绪十六年，六世主持大喇嘛铸一尊两丈高镀金弥勒佛，供请在拉桑殿后面弥勒殿的莲花座上。1915年，六世主持大喇嘛又把东庙讲经殿扩为九九八十一间大殿。

1919年，为褒奖六世主持大喇嘛勤勉刻苦一心向佛，第十代多罗郡王纳兰格埒勒奏请旗札萨克王爷那木吉勒色冷，以旗札萨克名义修缮修复慧丰寺各大殿。其中苏克勤殿往南扩建一间，屋顶也成为浑然一体的三波纹状佛堂大殿。此外，又增加了钟楼、鼓楼、浩日老殿等相关配套建筑，在苏克勤殿前院用水泥铺修了跳查玛舞的大圆场，又在寺庙东、西、北方外围每方新建了七个母祭坛小殿，每个殿内恭请石头浮雕刻画的一位度母的神像，朝外端坐，寓意护庙护法。度母像前有平放的高桌子，供善男信女祭祀所用。从此，慧丰寺增大了近一倍，达到五华里周长，真正步入了"暮鼓晨钟，镇妖辟邪，经声不断，佛光普照"的藏传佛教大型庙宇的行列。

1920年，六世主持大喇嘛66岁时，达尔罕亲王那木吉勒色冷下令号召全旗民众称其为葛根活佛。后来，末代多罗郡王杨森扎布还进京贿赂袁世凯，为葛根活佛请回了"额尔德尼堪布诺们汗"称号。从

壁画

此，转世主持喇嘛才成为正式的活佛葛根大喇嘛，又被委任为管理全旗各寺庙的霍顺大喇嘛，慧丰寺遂也实际上成为科尔沁左翼中旗旗庙和宗教中心。最繁荣时期有喇嘛700多名。

慧丰寺曾有一件轰动一时的佛教盛事，那就是西藏黄教领袖九世班禅额尔德尼.却吉尼玛的莅临，时间是1927年的农历五月。九世班禅讲经回青海后，为永久地纪念班禅大师到慧丰寺讲经诵法的功绩，经慧丰寺、衍寿寺的执事喇嘛倡导，为九世班禅树碑立传，详细之事记入寺内专门经文中，并在石碑上刻写班禅大师来此庙讲经诵法的全部过程。这块石碑，叫作"班禅额尔德尼莅临慧丰寺传法记事碑"，正面为汉文楷书，背面为蒙古文楷书，两面皆为阴刻。碑身为长方形，高约1.2、宽为0.8、厚0.2米。"班禅额尔德尼莅临慧丰寺传法记事碑"保存于白音温都尔嘎查村部。

慧丰寺是藏传佛教在科尔沁左翼中旗的重要遗存，具有极高的历史和文物价值，是科尔沁左翼中旗重要物质文化遗产。

║74║ 扎鲁特旗板子庙遗址

撰稿：闫洪森
摄影：刘伟臣

通辽市重点文物保护单位。

位于扎鲁特旗格日朝鲁苏木巴彦宝力皋嘎查西200米。占地面积2万多平方米。

据《哲里木盟志》记载："清崇德年间，哲里木盟境内喇嘛教发展很快，并修建不少喇嘛庙宇。喇嘛教即佛教的一大分支，蒙古民族自元朝时期信奉喇嘛教。传入扎鲁特旗的喇嘛教以黄教为主，喇嘛寺庙是从清康熙年间开始陆续建筑的。

扎鲁特旗板子庙蒙译为搏尔勒津庙。搏尔勒津庙是在扎鲁特左翼旗山区建造的一座大庙。起初，旗札萨克邀请一位呼毕勒汗看风水，在海日汗罕山南的搏尔勒津山阳建了一座小庙。后来，在其基础上面又建了镶有红边的立体顶盖，白山墙相配的60丈绰克钦殿和40丈的丁霍尔诺桑，另外，又建了沙尔里庙和十八

全景

远景

罗汉庙等几个庙。

庙宇建造极其壮观，梯形布置。最上面，耸立着绰克钦殿，以下为庙殿、喇嘛住宅等建筑。博尔勒津庙的四季会齐全，从未间断。博尔勒津庙有16名苏根岱（职），他们的首领由以家谱喇嘛为首，丁霍尔喇嘛、绰克钦格思贵、绰克钦得木齐等爵士组成。他们定期会同协商处理庙仓一切事务。到了末期，在绰克钦吉萨（庙仓）有一位得木齐叫桑布，人们称他超众高谋神僧。他是博尔勒津庙大庙仓聚财增收的有功之臣。在

他的努力下，博尔勒津庙物阜僧富，牛马成群，饮食丰满。

辛未年（1931年）扎鲁特左翼旗在本庙举办了最后一次庙会。1950年以后，博尔勒津庙彻底塌毁，喇嘛徒僧各处流散，只剩下空当当的博尔勒津山。2002年扎鲁特旗人民政府批准派人正式把第七世转世梅林活佛——"扎西彭措"从青海塔尔寺迎请到扎鲁特旗板子庙任主持。同年3月梅林活佛在板子庙正式坐床登基。

板子庙是扎鲁特旗唯一一所藏传佛教活动场所。

‖75‖ 扎鲁特旗满都呼遗址

撰稿：张子徵
摄影：张子徵

通辽市重点文物保护单位。

位于扎鲁特旗乌力吉木仁苏木满都呼林场正北1.5公里，第三次全国文物普查时在此处发现塔址。满都呼嘎查村位于扎鲁特旗乌力吉木仁苏木（乡）南部。满都呼系蒙古语，太阳冉冉升起的意思。

该塔址位于当地牧民耕地里，三面环山，附近有榆树，草木茂盛。白塔是由红砖和白灰砌成。塔高2.8、塔基宽2.5米，占地约85平方米，成品字形。目前残留塔基部分。

满都呼塔址分为三个部分：塔基、塔身、塔顶。塔身全部用青砖砌垒砌，个部分由10层砌筑，层层舒展檐翼。正面有狮头浮雕，高约20、宽30厘米，浮雕深凸起2～3厘米。这些石狮子活灵活现、充满动感，给人以力的美感。塔基向上1.6米高的中部依稀可见雕刻的花纹和经文，内容为藏经文，高约10、宽约110厘米，经文浮雕突出2～3厘米。塔顶的损毁的比较严重，大部分白灰和青砖都已脱落，露出塔顶中间部分，已经有些倾斜。塔址周边地貌受风蚀作用，土地沙化，地表周围散落有少量零散的青砖。据考证这座塔应是清代末期建筑。

关于塔的传说在当地民间有很多的版本，口口相传的叙述着。满都呼遗址的发现为研究近代的宗教信仰和生活习俗具有一定的意义。

满都呼遗址是扎鲁特旗第三次全国文物普查发现。

塔址

‖76‖ 扎鲁特旗胜利村遗址

撰稿：于大江
摄影：于大江

通辽市重点文物保护单位。

位于扎鲁特旗巨日河镇胜利村西北100米，该庙址位于一座山南面的缓坡上，庙址以北的岩石上有山洞，据居民讲山洞是由三个老道历经三年时间凿建而成，遗址的面积约30平方米，山洞石门高1.65、宽1.8米，洞内高2.8、长3.1、宽3.8米。左右有耳室，洞内北侧有大佛龛，供奉佛像。

第三次全国文物普查，发现山脚下可见庙址、墓地。遗址西南一公里处的墓地就是当时寺庙的喇嘛墓。墓葬为青砖圈顶，墓长2、宽1.8、高1.5米。近年当地村民在遗址上又新建了一个用于祭拜的小型庙宇。根据表遗物分析，寺庙的建筑年代约在18世纪末至19世纪初。"文革"期间胜利村遗址遭到严重破坏。

扎鲁特旗胜利村遗址是扎鲁特旗第三次全国文物普查发现。扎鲁特旗胜利村遗址的发现，为研究扎鲁特旗清代喇嘛教传播情况提供可靠的资料。

近景

‖77‖ 科尔沁左翼后旗双合尔山白塔

撰稿：闫洪森
摄影：刘伟臣

内蒙古自治区重点文物保护单位。

位于科尔沁左翼后旗阿古拉苏木，西南距旗政府所在地甘旗卡30公里，塔建于海拔325.5米高的双合尔山山顶。

白塔形状与北京北海公园白塔相似，该塔是由拉哈巴比木斯活佛（即乌珠穆沁萨木瓦喇嘛）设计。白塔由塔基、塔座、塔身三部分组成。塔基砖石砌成，方形，高2、每边长9.1米，南面修有2米宽，3米长的九级斜坡石台阶，北面修有23米长的七级斜坡石台阶。塔座呈菱形，用方石青砖砌成，四面有雕砌如意图案（蒙语称"钦达木尼额尔敦"），如意图案外围有八个吉祥图和七宝，两侧还雕有蹲形小狮子。七宝上刻有仁钦中乃、舍日尼扎布、图布申本巴、巴达满扎巴、中嘎日、叶喜嘎日布、潮海扎兰、浩日老扎布等建塔赞助人的藏文名。塔身为青砖构砌筑，高13米，分为塔底、塔肚、塔顶三部分。塔底为圆柱形，三层；塔肚为瓮形，四面有更、查、木、鲁、瓦、让、牙、嘎、拉、喜等"天文"浮雕，雕工精细，线条流畅。塔肚的上部分第九节为存放舍利的部位。塔顶为铜铸的金铎，上刻有佛教图案。金铎上面有铜鎏金太阳、月亮和火炬，下面挂有四个铜质小铃。

双合尔山，是清代科尔沁左翼后旗的宗教中心，从清朝康熙十九年开始至光绪末年，先后建了350间庙宇，形成了寺庙群落。雍正六年（1728年）归化城（呼和浩特）大名寺活佛萨本瓦喇嘛前来本旗双福寺传授佛经期间，向旗札萨克郡王罗布藏拉喜提出了在双合尔山顶上修佛塔的建议，得到了札萨克王爷的恩准。雍正十年（1732年）遵照罗布藏拉喜王爷的恩准，王子齐默特多尔济前往归化城大名寺取来佛塔的图纸，同时运来了已经圆寂的萨本瓦活佛的舍利（骨殖），雍正十二年（1734年）在双合尔山顶上建筑了该座佛塔。白塔在"文革"中遭受破坏，1984年进行了维修，恢复了白塔的原貌。

佛塔是佛教文化的重要内容之一，也是佛教得以传播和发展的必然产物，是藏蒙等各民族人民共同创造的灿烂的佛教文化和建筑艺术，具有独特的内涵和价值。科尔沁草原上由于时代的变迁和天灾人祸之故，大部分佛塔已经被毁坏或倒塌。可惜所剩藏式佛塔只有三座，即开鲁元代白塔、科尔沁左翼后旗双和尔山白塔、奈曼旗和硕庙白塔，剩存的佛塔经过重修，已恢复了挺拔的古貌，依然容光焕发。这些分布在城镇街道和草原深处的佛塔，令人难以忘怀，是古老文明和佛世界的物质展现。

双合尔山白塔历来是科尔沁左翼后旗的一大景观。直到现在，每年农历五月初五"端午节"时，方圆数百里的农牧民都到这里登山远眺，观赏白塔，以求吉利，最多时游人超过4万。双合尔山白塔是人们欣赏草原、沙漠探险、游山玩水、了解历史、解读地貌、旅游度假、回归自然的好去处。每逢集会，这里就是阿古拉最热闹的地方，从四面八方赶来的农牧民都来参加"那达慕"，举行骑马、射箭、摔跤和民歌等活动，大家都要爬上双合尔山，带着美好的祝愿，献上洁白的哈达。双合尔山白塔成为阿古拉地区经济发展和旅游开发中不可缺少的组成部分。

白塔

‖78‖ 科尔沁左翼后旗僧格林沁王府

撰稿：闫洪森
摄影：刘伟臣

全国重点文物保护单位。

位于科尔沁左翼后旗吉尔嘎朗镇，西南距离科尔沁左翼后旗甘旗卡镇54公里。目前王府仅存两栋原始建筑，坐落于吉尔嘎朗中学校园北部，吉尔嘎朗中学正好坐在王府原旧址上，王府占地面积约4.5万平方米。

僧格林沁王府，亦称博多勒噶台王府。始建于清乾隆五年（1740年）。当初，王府被称作科尔沁郡王府，清咸丰年间，第十任札萨克郡王僧格林沁授命统兵出征，战功显赫，被朝廷晋升为亲王爵，并赐"博多勒噶台"号，从此，科尔沁郡王旗逐渐被"博多勒噶台亲王旗"所取替，简称"博王旗"，王府也称"博王府"。此时的僧格林沁本人已经长期就职、生活在北京的"僧格林沁亲王府"，吉尔嘎朗镇这处僧格林沁郡王府的旧建制并未改动。

当年的僧格林沁王府建筑规模宏大，建筑风格独特，占地4万平方米，方形院落，青石铺基，前廊后梢，雕梁画栋，颇为壮观。

1955年科左翼后旗旗政府从吉尔嘎郎迁到甘旗卡，将王府交给吉尔嘎郎中学当校舍，"文革"期间，僧格林沁王府遭到破坏，现仅存珍贵的正殿五间，札萨克后仓九间。

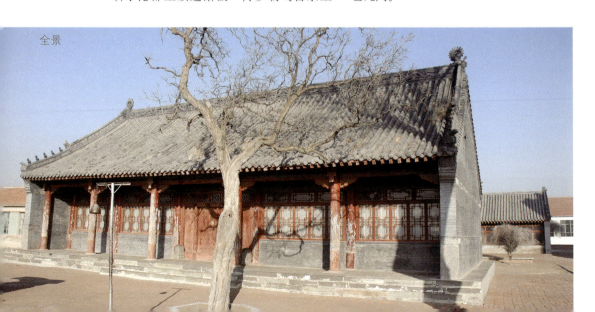

全景

2012年内蒙古自治区文物考古研究所为配合僧格林沁王府的复建工作，于9月开始对科尔沁左翼后旗僧格林沁王府的西及西南部地基进行局部清理发掘。僧格林沁王府是一处典型四合院式清代五进庭院建筑。王府经多次修补，照壁西侧早期遭到破坏，中部偏北多有现代人为破坏现象。现存地面建筑两处，一处位于学校北墙里边，为东西向九间后仓房，东西开间29.4米，南北进深7.9米，为硬山式建筑。另一处位于后仓房正南19.4米处，为五间寝殿或后殿建筑，东西开间21.2米，南北进深13.4米，也是硬山式建筑。

僧格林沁（1811～1865年），蒙古族，博尔济吉特氏，清嘉庆十八年（1811年）生于科尔沁左翼后旗，是元太祖成吉思汗二弟哈布图哈萨尔二十六世孙索特纳木多布斋嗣子。 道光五年（1825年）十月二十五日袭札萨克多罗郡王。咸丰五年（1855年）正月二十一日晋封亲王，赐"博多勒噶台"号，四月十八日诏世袭罔替。咸丰十年（1860年）八月二十八日革札萨克亲王，九月二十七日复札萨克郡王。咸丰十一年（1861年），恢复"博多勒噶台亲王"，仍诏世袭罔替，同年朝廷任其为哲里木盟盟长，僧王奏辞盟长职，同治四年（1865年），在山东曹州府境内与捻军作战时阵亡。 后来清廷将其葬于今辽宁省法库县巴牢巴虎山的公主陵，并立满汉两种文字青石蟠龙碑以表其功。僧格林沁既有镇压太平天国和捻军起义的一面，又有力主抗击外国侵略者，维护祖国独立尊严的一面。1983年3月，解放报在"戍边英雄录"栏内，肯定僧格林沁在第二次大沽口战役中打败英法联军的战功。

1995年后，一些史学家确任他为爱国主义将领，并将其列在名将录之中。

为重现僧格林沁王府旧时恢宏景观，决定对僧格林沁王府进行复建。僧格林沁王府的修复和复建项目已于2012年9月开始实施，将用4年时间完成僧格林沁王府殿舍修复和复建工程。僧格林沁王府的修复和复建工作严格按照历史资料及文物现状进行，做到"修旧如旧"，尽可能恢复王府的原貌。

僧格林沁王府是清代著名爱国将领僧格林沁的居所，因而名声远扬，曾有七任札萨克王爷和十一任旗长在此就职。它不仅是研究清代蒙古王公政治生活的重要资料，同时也是宣传反抗外来侵略者的爱国主义教育基地。僧格林沁王府是北方民族传统文化与中原文化建筑艺术的完美结合，也是科尔沁草原文明的象征，是汉文化、蒙古族文化和满文化融合的具有代表性的珍贵文化遗产。

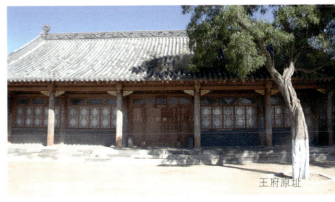

王府原址

王府背面

‖79‖ 奈曼旗双山子石刻

撰稿：李乌力吉
摄影：刘伟臣

石刻

通辽市重点文物保护单位。

位于奈曼旗新镇双山子村北1000米双山子西侧的山顶。双山子山位于通辽市奈曼旗东南部，科尔沁沙地南缘，海拔为450米，距旗政府所在地大沁他拉镇50公里。

双山子山南麓为寺庙遗存，山顶有多处大石块，16组佛像刻于石块上，环绕山峰分布。佛像一般凿刻在巨石侧立面上，阳面面南的11尊，面西南的2组2尊，北面东北的4组4尊。东侧另有一组石刻文字，疑似藏文。佛像最高为50、最低为30厘米，分别面向南、向西南和向东北。佛像雕刻精美，均有圆形顶光，形神兼备，神态端详，庄严威武，立体感强，身上服饰鲜艳，为藏传佛教的服饰。

这些佛像有的手托钵盂，有的手持锡杖，有的胸前合掌；有的头戴宝冠，披巾长裙，两臂下垂；有的身着天衣，双手平放腿上，结跏趺端坐在莲花座上；有的左臂向前平伸，右臂上举，衣纹及遍体之璎珞流畅繁丽；有的面部微残，显得模糊不清。佛像石刻线条舒展流畅，生动传神。由于双山子石刻遗址东侧和山脚下为采石场，农民放牧以及石刻暴露户外，风雨剥

石刻

石刻

蚀，使多个佛像有漫漶痕迹，受到一些损坏，辨识有一定困难。

双山子山西侧为杜贵河支河上游，主峰为西山，东侧500米有一座海拔503米的山峰，两山相望，故称"双山子"。双山子山，当地老百姓称为庙山，一东一西两座山。其中一座山因为开矿，已经被挖了一个大窟窿，佛像所在的另一座山头保存的比较完整。在山脚下有一处寺院的遗址，当地老百姓早就知道山上有石刻有佛像。

根据佛像的雕刻手法以及艺术风格，双山子佛像石刻经过专家鉴定，初步认定是明末清初的岩刻。这批佛教石刻作品的发现，进一步见证了佛教文化在奈曼旗的传承和延续，对进一步研究该地区的佛教文化和佛教造像艺术提供了实物资料。

‖80‖ 库伦旗呼和哈敦沟摩崖石刻佛造像

撰稿：闫洪森
摄影：刘伟臣

通辽市重点文物保护单位。

位于库伦旗白音花镇查干朝鲁台村南1公里处，在阿其玛山西北侧呼和哈敦沟峭壁上，东、南两侧均为自然冲沟，沟内常年溪流不断，摩崖石刻佛造像通高1.2、底座宽1.2米，南和西侧均为夏家店下层文化遗址。

摩崖石刻是中国古代的一种石刻艺术，是指在山崖石壁上所刻的书法、造像或者岩画。摩崖石刻有着丰富的历史内涵和史料价值。徐自强、吴梦麟在他们的新

摩崖石刻佛造像

佛像

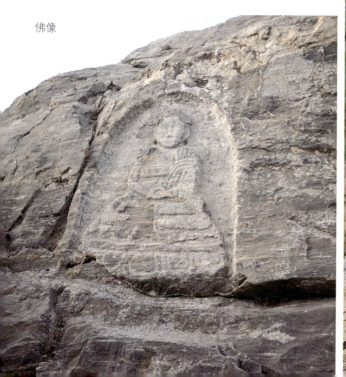

著《古代石刻通论》中认为："摩崖石刻是石刻中的一个类别。也有学者认为摩崖石刻应该有广义和狭义之分，广义的摩崖石刻是指人们在天然的石壁上摩刻的所有内容，包括上面提及的各类文字石刻、石刻造像，还有一种特殊的石刻——岩画也可归入摩崖石刻。狭义的摩崖石刻则专指文字石刻，即利用天然的石壁刻文记事，而呼和哈敦沟摩崖石刻佛造像专指的就是人物造像。

库伦呼和哈敦沟摩崖石刻佛造像经专家考证应为清代佛像。呼和哈敦沟摩崖石刻佛造像以往未见著录或公布过，是库伦旗第三次全国文物普查发现。摩崖石刻佛造像的发现，对库伦地区佛教文化深入研究提供了材料，也为提高人们对物质文化遗产保护意识具有一定积极意义。

近
现
代

通辽地区的近现代史，就是蒙汉
各族人民反帝、反封建、反军阀的斗
争史。百年沧桑留下了重要的史迹，
像嘎达梅林的抗垦斗争等等。中华人
民共和国建立后，为进行爱国主义和
革命传统教育，通辽地区先后修建了
革命烈士纪念碑、纪念馆，并被列入
自治区级或市、县级保护单位。

通辽地区的近现代文化遗产包括
重要历史遗迹（代表性建筑）和重要
历史事件纪念地或纪念设施。近现代
的重要代表性建筑不仅是通辽地区的
历史文化资源，也是珍贵的人文景观
和旅游资源。通辽地区的近现代文化
遗产见证了通辽近百年的历史变迁，
记录了通辽近百年来的城市发展史。
本单元收录的近现代历史文化遗产有
五处，分别是开鲁县清真寺、麦新纪
念碑馆；科尔沁区圆通寺；科尔沁左
翼后旗伊胡塔火车站旧址；科尔沁左
翼中旗嘎达梅林纪念碑。

‖81‖ 开鲁清真寺

撰稿：闫洪森
摄影：刘伟臣

内蒙古自治区重点文物保护单位。

位于开鲁县开鲁镇东南和平街。寺院面积1520平方米，其中教堂面积250平方米。

1911年，开鲁县内有回族居民几十口人，居住在今清真寺的路东，始建清真寺，最初仅有三间土平房。1916年，由杨明声、杨树德，赵广顺、胡英臣等乡老主办，将寺院迁往现址，建砖木结构房三间。1919年，

县内回民增加到100多户、600多人。由杨明声、赵广德等乡老和阿訇石光盛主办，在草顶房西侧又建砖平房三间，作为礼拜堂。同时寺里办了阿文小学。

1929年，礼拜堂大殿参照义县清真寺和天津水房的图样设计并施工，同年竣工。竣工后的礼拜大殿坐西朝东，东西长18、南北宽14米。正门顶部半圆形，门口上方砌上下两个长方形格，用水泥贴

清真寺正门

朔 "伊斯兰教堂"和"认主独一"，落款竖刻"姜明远"（当时的街长，后为县长）。方格之上刻着阿訇杨其瑞、马玉岱书写的阳刻阿文"都娃依"，意为"的确安拉所重视的宗教就是伊斯兰"。1930年，胡英臣自家匕帖并主办，在大殿前十五米处，修建了一座双起脊翘角式前廊后厦门楼。门楼对外有2米宽两扇绿色板门，门柱为红色，柱顶栌头镶着"清真"木牌。门里两边为砖砌门洞，西有隔扇门。在寺内主体工程和门楼逐年修造的同时，四周也相应地垒墙、垛墙，逐步形成了完整的院落，至此，清真寺的规模和建筑基本定型。

1980年和1981年，开鲁县政府两次拨款将清真寺大殿、门楼、院墙、沐浴室修葺一新，由杨文宽、杨鸣歧、张洪斌等主办。大殿门脸被砸毁的"认主独一"和"伊斯兰教堂"九个大字，由杨显廷书写，改修为"伊斯兰教"和"清真寺"七个大字。清真寺恢复了原有的历史风貌。

清真寺作为开鲁县的一处重要的宗教建筑，其风格独特堪称宗教建筑的典型，具有很高的文物价值，对进一步研究伊斯兰文化在内蒙古东部地区的形成和发展有一定的参考作用。

大殿正面

大殿内部

‖82‖ 科尔沁左翼后旗伊胡塔火车站旧址 ——

撰稿：闫洪森
摄影：刘伟臣

通辽市重点文物保护单位。

位于科尔沁左翼后旗伊胡塔村，建于1927年，东距304国道100米。车站旧址建筑面积约1000平方米，由于车站更新改造，伊胡塔车站旧址现已停用。

19世纪末20世纪初的中国，帝国主义列强为掠夺资源，划分势力范围，在我国大地上修筑了多条铁路线，中国铁路事业从一开始就带上了殖民主义的色彩。1904年，日本和沙皇俄国为争夺在中国东北的势力范围，在我国领土上发动了日俄战争，结果使日本在中国东北南部地区取代俄国。1906年，日本设立"南满洲铁道株式会社"（简称满铁），替日本政府管理在东北的"权益"。通过南满铁路及其附属地掠夺东北地区资源，对东北进行政治、经济、军事、文化等方面的侵略。奉系军阀张作霖，在日、俄两国的势力范围之间，处处受制，决心修建自己控制的铁路，他不顾日本反对，于1924年成立自营

侧面

侧面

自建铁路的执行机构——东三省交通委员会，开始筑建东北铁路网。与此同时，爱国民众也积极筹集资金建造铁路。1925年后，张作霖以"自行筹款"方式，陆续建造了奉海（奉天-海龙）、吉海（吉林-海龙）、打通（打虎山-通辽）等铁路，粉碎了日本企图以控制铁路灭亡中国东北的野心。

打通铁路是东北地方政府在1922年筹议建造的东西两大铁路干线中西大干线的南段，也是最为关键的一段。

东三省自治后，东北地方当局逐渐采取积极的筑路政策，并筹议自主修筑东西两大铁路干线。西线即计划将现有的虎濠铁路延长至通辽，与四洮铁路郑通支线接轨，作为西大干线的南段，与京奉铁路在打虎山相接。打通铁路断断续续修了7年零1个月，终于1927年10月11日完工通车。打通铁路自京奉铁路打虎山（今大虎山）站出发，途经黑山县、八道濠、新立屯、彰武县、章古台、甘旗卡、伊胡塔、巴胡塔、木里图终止通辽县，全长251.17公里。伊胡塔车站就是在打通铁路建设期间修建的一座小型车站。

打通铁路的修建，打破了日本南满铁路对东北的运输垄断，为民族工业的振兴打了一支强心剂，为中国人争了光。伊胡塔火车站旧址今天虽已停用，但伊胡塔火车站旧址作为东北地区中国人修筑铁路事业的历史见证，对了解东北地区的铁路发展史具有举足轻重的作用。伊胡塔车站旧址是科尔沁左翼后旗第三次全国文物普查发现。

‖83‖ 科尔沁区圆通寺 ————————

撰稿：刘伟臣
摄影：刘伟臣

通辽市重点文物保护单位。

位于今通辽市医院东北角，地处繁华闹市区。现仅存主殿、东西配殿和前殿，保存基本完好，其中主殿长17、宽10.3米，东西配殿均为长6.45、宽5.8米，前殿长9.7、宽7.12米，总面积为318.98平方米。

圆通寺为通辽城区第一大庙，建于1935年，发起人李荣久，是当时的"慈善家"，被称为李善人。李荣久在筹建圆通寺时，他四处"化缘"筹集资金，奉献修庙。《通辽圆通寺碑记》载："今通辽县街官绅商工善士等协助一臂之力，建筑庙宇，永著芳名流传后世。业修厥德衍庆子孙。护佐八方黎庶国泰民安，风调雨顺，五谷丰登……发起人不惮艰辛，出广长舌

主殿东西配房

相普劝十方善士，资助款项建筑庙宇，功绩显著，名垂千古，勒石为碑，以志不忘。"建筑寺庙时从朝阳请来了一位驻寺和尚，法名"觉智"。1935年农历9月13日，寺庙建成后，觉智和尚主持寺务，并广招和尚入寺求佛。李荣久也从此遁入佛门，静心修行，因此圆通寺又被称为"李善人庙"。

每逢庙会期间，通辽城边的善男信女、商贩艺人等不同阶层的人们都会纷纷赶来，一时间，圆通寺周围人头攒动，热闹非凡。当然，庙会上自然少不了和尚们的法事活动，圆通寺内鼓乐齐鸣，香火缭绕，在寺庙主持的带领下，众多和尚口中振振有词，诵读经文。借助这神圣的时刻，不管是信仰者还是过客，大家都虔诚地手捧焚香，双膝跪地，双眼微闭，默默祈祷着平安、财运、免灾……

圆通寺兴盛了10年时间，从1945年开始，寺庙逐渐开始遭到破坏，庙内的僧人四散而去，而庙址逐渐被挪为他用。到"文革"时期，一些建筑也被拆毁。时至今日，圆通寺早已失去原有的的功能。2013年，通辽市政府决定维修圆通寺，这无疑是为通辽市做了一件大好事。这座建于伪满时期的庙宇遗址，是目前通辽城里唯一一座新中国成立前的老建筑，对于缺少人文历史的通辽城来说更显得弥足珍贵。

圆通寺碑

圆通寺碑文

‖84‖ 科尔沁左翼中旗嘎达梅林纪念碑

撰稿：闫洪森
摄影：刘伟臣

内蒙古自治区重点文物保护单位。

位于科尔沁左翼中旗花胡硕苏木东南10公里。纪念碑的四周为大面积耕地，碑的南侧0.5公里就是嘎达梅林牺牲的地方，乌力吉牧仁河东西走向从这里流过。纪念碑碑高8、宽1米，厚0.75 米，碑的两面用蒙汉两种文字书写碑文。纪念碑占地面积236.88平方米，碑的周围是网围栏。

1990年，崇尚和怀念英雄的科尔沁左翼中旗花胡硕苏木洪格尔敖包嘎查的民众自愿集资，在科尔沁左翼中旗旗委、旗政府的参与下，在乌力吉木仁河洪格尔敖包渡口，嘎达梅林蒙难的地方，建立嘎达梅林纪念碑。在英雄嘎达梅林就义之地，

嘎达梅林纪念碑

特立此碑，作为爱国主义教育基地，永昭功烈，教育后人。

嘎达梅林（1892～1931年4月5日）姓莫勒特图，本名那达木德，又名业喜，汉名孟青山，蒙古族，内蒙古哲里木盟（今通辽市）达尔罕旗（今科尔沁左翼中旗）塔木扎兰屯人。"达尔罕王旗箭丁户出身，因家中排行最小而被民间昵称为嘎达梅林"。"嘎达"（东北话"老嘎达"）蒙古语中意为家中最小的兄弟，"梅林"是官职，即札萨克达尔罕亲王那木济勒色楞的总兵。嘎达梅林读过几年私塾，通蒙汉文，历任旗卫队章京、昆都、扎兰、梅林等职。

1928年奉天省政府决定开辽北荒，拟设辽北县，县府置舍伯吐；开西夹荒，拟设福源县，县府置架玛吐。1929年农历正

月，奉天省政府派员开始丈量土地。旗民深悉此次出荒，旗民将无立锥之地、无后退之路。于是召开旗民大会，推举嘎达、舍楞尼玛等四人为首席请愿代表，7月初带领60名民众代表，携着万人签名的请愿"独贵龙"书，赴奉天向达王和辽宁省政府请愿停止出荒。达王福晋决意要秘密处死嘎达，以绝后患。嘎达妻子牡丹夫人得悉后，于1929年12月13日劫狱救出嘎达。嘎达获救后不苟且偷生，毅然走上了武装抗垦的道路。嘎达梅林组织的抗垦队伍打击垦荒军，赶走丈量土地的测量队，拔掉测量旗帜，毁掉地界牌子。起义军名声大振，日益壮大，以最初的十多人发展到一千多人的抗垦武装队伍。1930年，达尔罕王自知若再次开荒，旗将不旗，王将不王，便呈文省政府主席藏式毅，恳求重视蒙民生计，借以维持旗制。随后旗下又公推百人联名呈请停止放荒。是年9月8日，藏式毅在批文中声称："查西夹荒界址，业经划定范围，从事勘查，断无变更之理，所请……碍难照准"，拒绝了停止开荒的请求。然而由于嘎达梅林领导的抗垦斗争，致使西夹荒和辽北荒终未丈放成功。

1930年冬，奉天省、热河省调集洮南、白城、郑家屯、通辽、开鲁等地驻军4000多人，围剿嘎达梅林起义军，在洪格尔敖包河口，嘎达梅林率领残部纵马跃进乌力吉木仁河壮烈牺牲。

震撼科尔沁草原的嘎达梅林起义就这样失败了。但嘎达梅林起义沉重地打击了达尔罕王爷和奉天军阀的反动统治，阻止了"牧垦"草原的计划，保护了人民利益。同时，嘎达梅林的名字也永远留在了草原人民的心中，赞颂他的歌声飘向草原的四面八方。

撰稿：闫洪森
摄影：刘伟臣

内蒙古自治区重点文物保护单位。

麦新烈士纪念碑坐落于开鲁县西部，西拉沐沦河北岸，麦新镇政府南1000米处，为中国人民解放战争中牺牲在开鲁的麦新烈士修建。

麦新烈士纪念碑埋有十位革命烈士的英骨，他们是麦新、陈庆祥、闵思德、荀振谦、杨东胜、邢芳廷、王顺昌及三位无名烈士。麦新烈士墓前的石碑上刻有原中国音协主席吕骥的题字"麦新烈士墓"五个隶书大字，碑额上刻有象征"大刀进行曲"的图案。2007年麦新烈士牺牲60周

麦新纪念馆远景

年，麦新镇党委政府对麦新烈士陵园重新规划并进行了扩建，重新铸造麦新烈士铜像，对原有的纪念碑进行了粉刷，重新维修了麦新及其他烈士的陵墓。

麦新烈士纪念馆始建于1978年，面积80平方米，陈列麦新烈士生前用过的物品、手稿、日记及各界纪念麦新所作的文章和图片等。2003年4月著名诗人原中宣部副部长兼文化部部长贺敬之为麦新烈士纪念馆题写馆名。2007年麦新烈士牺牲60周年，开鲁县政府投资对麦新烈士纪念馆进行了改扩建，新馆占地面积12000平方米，建筑面积3840平方米，展厅面积1200平方米。麦新纪念馆的陈列环境得到了极大的改善。

麦新，原名孙默心，曾用名孙培元、孙克、铁克。1914年12月5日生于上海。1935年投身于革命，参加了进步的群众歌咏团体——民众歌咏会，后又参加了吕骥领导的"业余合唱团"并被选为常委。1936年，他开始了创作活动，初期作品有《向前冲》、《马儿真正好》、《只怕不抵抗》、《保卫马德里》、《牺牲已到最后关头》等。同年9月，他参加了沈钧儒等人领导的"上海职员界救国会"，积极从事救亡工作，并与孟波一起编辑出版了国民党统治区第一本救亡歌曲集《大众歌声》。1937年"七七事变"后，他参加了上海党组织成立的"战地服务队"，并创作了著名的抗战歌曲《大刀进行曲》。1938年初加入了中国共产党。1939年他随军转战广东、湖北、重庆等地，1940年

麦新烈士塑像

麦新烈士墓正面

麦新个人藏书《党员课本》

底，经周恩来和叶剑英的介绍，到达延安，在鲁艺音乐部研究室工作。1946年2月末，经组织分配到开鲁工作。先后任县委委员、县委秘书室秘书、县委机关党支部书记、城关区区委书记、县委宣传部长和组织部长等职务。作为人民音乐家，麦新在开鲁创作了一批革命歌曲，有《农会歌》、《翻身五更》、《咱们的游击队》、《民主联军打胜仗》、《反扫荡》等。1947年6月6日，麦新参加完县委工作会，在回五区传达县委指示，途径卢家段村西，遭到百余名国民党残匪伏击，中弹

麦新烈士创作的《大刀进行曲》

麦新用过的公文包

麦新用过的办公桌

牺牲，年仅33岁。

麦新烈士在全国具有很高的革命影响和威望。麦新一生当中创作近百首战斗性很强革命歌曲，他创作的《大刀进行曲》唱响大江南北。抗战时期许多中华优秀儿女、热血青年唱着《大刀进行曲》投入到抗日战斗中，用青春和热血谱写了抗日战争的最后胜利。

麦新同志纪念场馆及其陵园和牺牲地已开放成红色旅游景区。这里正在吸引国内外大批游人参观游览，重走英雄路，感受《大刀进行曲》中抗日将士的雄魂壮志，重温麦新烈士为革命不畏牺牲的英雄情怀。

附 录

附　录 **目录**

表一　通辽市全国重点文物保护单位名单

序号	公布名称与单体名称	时代	公布批次	所在旗县（区）
1	金界壕	金代	第五批	扎鲁特旗、霍林郭勒市
2	开鲁县元代佛塔	元代	第五批	开鲁县
3	库伦旗三大寺	清代	第六批	库伦旗
4	萧氏家族墓地	辽代	第六批	奈曼旗
5	吐尔基山辽墓	辽代	第六批	科尔沁左翼后旗
6	僧格林沁王府	清代	第六批	科尔沁左翼后旗
7	奈林稿辽墓群	辽代	第七批	库伦旗
8	灵安州城址	辽代	第七批	库伦旗
9	寿因寺	清代	第七批	库伦旗
10	土城子城址	战国　秦汉	第七批	奈曼旗
11	奈曼王府	清代	第七批	奈曼旗
12	南宝力皋吐遗址	新石器时代	第七批	扎鲁特旗
13	寂善大师墓	辽代	第七批	扎鲁特旗
14	韩州城遗址	辽代	第七批	科尔沁左翼后旗

表二　通辽市自治区级重点文物保护单位名单

序号	公布名称与单体名称	时代	公布批次	所在旗县（区）
1	双合尔山白塔	清代	第二批	科尔沁左翼后旗
2	古榆树	明代	第三批	开鲁县
3	麦新纪念碑、纪念馆	现代	第三批	开鲁县
4	西奈曼旗冶铁遗址	辽代	第三批	奈曼旗
5	和硕庙白塔	清代	第三批	奈曼旗
6	布日敦鲜卑窑址	鲜卑时期	第三批	科尔沁左翼后旗
7	开鲁清真寺	清代	第四批	开鲁县
8	吉祥天女神庙	清代	第四批	库伦旗
9	善宝营子城址	战国　秦汉	第四批	奈曼旗
10	阿木斯尔遗址	新石器时代	第四批	扎鲁特旗
11	大黑山人面岩画	辽代	第四批	扎鲁特旗
12	浩特花墓地	辽代	第四批	扎鲁特旗
13	窟窿山遗址	辽代	第四批	扎鲁特旗
14	小努日木辽墓群	辽代	第四批	科尔沁左翼中旗
15	腰伯吐古城	元代	第四批	科尔沁左翼中旗
16	慧丰寺	清代	第四批	科尔沁左翼中旗
17	嘎达梅林纪念碑	现代	第四批	科尔沁左翼中旗

表三　通辽市市县级重点文物保护单位名单

序号	公布名称与单体名称	时代	保护级别及批次	所在旗县（区）
1	乌兰哈达阿贵洞	辽代	市级　第一批	扎鲁特旗
2	西庄头遗址	新石器时代	市级　第二批	科尔沁区
3	敖宝遗址	辽代	市级　第二批	科尔沁区
4	园通寺	民国	市级　第二批	科尔沁区
5	白菜营子遗址	新石器时代	市级　第二批	科尔沁左翼中旗
6	巴彦塔拉遗址	新石器时代	市级　第二批	科尔沁左翼中旗
7	宝龙山遗址	新石器时代	市级　第二批	科尔沁左翼中旗
8	固伦端贞长公主墓	清代	市级　第二批	科尔沁左翼中旗
9	和硕纯禧公主墓	清代	市级　第二批	科尔沁左翼中旗
10	衍寿寺石杆（一对）	民国	市级　第二批	科尔沁左翼中旗
11	新胜遗址	鲜卑	市级　第二批	科尔沁左翼后旗
12	古恩呼都嘎遗址	辽代	市级　第二批	科尔沁左翼后旗
13	秦家沟遗址	新石器时代	市级　第二批	库伦旗
14	燕北长城	燕　秦　汉	市级　第二批	库伦旗
15	下扣河子古城遗址	辽代	市级　第二批	库伦旗
16	老爷庙	清代	市级　第二批	库伦旗

序号	公布名称与单体名称	时代	保护级别及批次	所在旗县（区）
17	绰尔济庙	清代	市级　第二批	库伦旗
18	土城子桃山三尾丝蜉蝣生物化石遗址	侏罗纪	市级　第二批	奈曼旗
19	札萨克墓地	清代	市级　第二批	奈曼旗
20	十八个阿贵洞	辽代	市级　第二批	扎鲁特旗
21	封山屯墓群	辽代	市级　第二批	扎鲁特旗
22	水泉沟墓群	辽代	市级　第二批	扎鲁特旗
23	喇嘛墓群	清代	市级　第二批	扎鲁特旗
24	固伦雍公主墓地	清代	市级　第二批	扎鲁特旗
25	琶杰、毛依罕民间艺人纪念碑	现代	市级　第二批	扎鲁特旗
26	福巨古城址	辽代	市级　第三批	科尔沁区
27	查干敖包遗址	清代	市级　第三批	科尔沁区
28	明仁革命烈士纪念碑	现代	市级　第三批	科尔沁区
29	纪凤财烈士墓	现代	市级　第三批	科尔沁区
30	爱国屯语录塔	现代	市级　第三批	科尔沁区
31	哈民聚落遗址	新石器时代	市级　第三批	科尔沁左翼中旗
32	英格勒遗址	新石器时代 北魏　辽代	市级　第三批	科尔沁左翼中旗
33	中哈嘎古城遗址	新石器时代	市级　第三批	科尔沁左翼中旗
34	北哈日胡硕遗址	新石器时代　辽代	市级　第三批	科尔沁左翼中旗

序号	公布名称与单体名称	时代	保护级别及批次	所在旗县（区）
35	五分厂遗址	新石器时代　辽代	市级　第三批	科尔沁左翼中旗
36	奥恩套布西南遗址	新石器时代 北魏　辽代	市级　第三批	科尔沁左翼中旗
37	车家子遗址	新石器时代　辽代	市级　第三批	科尔沁左翼中旗
38	嘎索克西南3号遗址	北魏　辽代	市级　第三批	科尔沁左翼中旗
39	洪格尔敖包遗址	清代	市级　第三批	科尔沁左翼中旗
40	阿仁艾勒遗址	新石器时代 北魏　辽代　清代	市级　第三批	科尔沁左翼后旗
41	孟根大坝牧场遗址群	新石器时代　北魏 辽代	市级　第三批	科尔沁左翼后旗
42	水泡子遗址	新石器时代	市级　第三批	科尔沁左翼后旗
43	特格喜巴雅尔遗址群	新石器时代　北魏 辽代　清代	市级　第三批	科尔沁左翼后旗
44	乌兰图来遗址群	新石器时代 北魏　辽代	市级　第三批	科尔沁左翼后旗
45	新艾里遗址	新石器时代 北魏　辽代	市级　第三批	科尔沁左翼后旗
46	阿布哈遗址	辽代	市级　第三批	科尔沁左翼后旗
47	前柴达木遗址	辽代	市级　第三批	科尔沁左翼后旗
48	衙门营子墓群	辽代	市级　第三批	科尔沁左翼后旗
49	乌兰巴日墓群	元代	市级　第三批	科尔沁左翼后旗
50	伊胡塔车站旧址	民国	市级　第三批	科尔沁左翼后旗
51	小泡子遗址	新石器时代	市级　第三批	开鲁县
52	小城子遗址	辽代	市级　第三批	开鲁县

序号	公布名称与单体名称	时代	保护级别及批次	所在旗县（区）
53	普清寺遗址	清代	市级 第三批	开鲁县
54	张东来烈士墓	现代	市级 第三批	开鲁县
55	温都润遗址	新石器时代	市级 第三批	库伦旗
56	喇嘛苏日格北遗址	青铜时代	市级 第三批	库伦旗
57	呼和哈敦沟南遗址	青铜时代	市级 第三批	库伦旗
58	扎白营子墓葬群	青铜时代	市级 第三批	库伦旗
59	阿贵山石窟寺	辽代	市级 第三批	库伦旗
60	白庙子遗址	元代	市级 第三批	库伦旗
61	五家子南敖包遗址	清代	市级 第三批	库伦旗
62	呼和哈敦沟摩崖石刻佛造像	清代	市级 第三批	库伦旗
63	嘎海山堰堤	民国	市级 第三批	库伦旗
64	南梁东遗址	新石器时代	市级 第三批	奈曼旗
65	八里罕沟墓群	辽代	市级 第三批	奈曼旗
66	龙尾沟墓群	辽代	市级 第三批	奈曼旗
67	卜氏家族墓地	清代	市级 第三批	奈曼旗
68	双山子石刻	清代	市级 第三批	奈曼旗
69	梁东明烈士陵园	现代	市级 第三批	奈曼旗
70	奈曼旗人民英雄纪念碑	现代	市级 第三批	奈曼旗

序号	公布名称与单体名称	时代	保护级别及批次		所在旗县（区）
71	荷叶花西北遗址	新石器时代　辽代	市级	第三批	扎鲁特旗
72	南萨拉西遗址	新石器时代	市级	第三批	扎鲁特旗
73	南乌呼锦正南遗址	新石器时代 辽代　清代	市级	第三批	扎鲁特旗
74	双龙泉遗址	青铜时代	市级	第三批	扎鲁特旗
75	野猪沟遗址	辽代	市级	第三批	扎鲁特旗
76	十八阿贵洞遗址11号	辽代	市级	第三批	扎鲁特旗
77	四家子遗址	辽代	市级	第三批	扎鲁特旗
78	阿木萨尔古榆树	明代	市级	第三批	扎鲁特旗
79	满都呼遗址	清代	市级	第三批	扎鲁特旗
80	胜利村遗址	清代	市级	第三批	扎鲁特旗
81	板子庙遗址	清代	市级	第三批	扎鲁特旗
82	巨日河革命烈士纪念碑	现代	市级	第三批	扎鲁特旗
83	太平河遗址	辽代	县级	第二批	科尔沁区
84	莫力庙苏木喇嘛房	清代	县级	第三批	科尔沁区
85	鼎合尔井	清代	县级	第三批	科尔沁区
86	老爷庙（关帝庙）	近现代	县级	第三批	科尔沁区
87	集宁寺	近现代	县级	第三批	科尔沁区
88	莫力庙水库闸楼	近现代	县级	第三批	科尔沁区

序号	公布名称与单体名称	时代	保护级别及批次	所在旗县（区）
89	哲南农场语录塔	近现代	县级　第三批	科尔沁区
90	前坨子碉堡群	近现代	县级　第三批	科尔沁区
91	通辽革命烈士纪念碑	近现代	县级　第三批	科尔沁区
92	代力吉根遗址	辽代	县级　第二批	科尔沁左翼中旗
93	喇嘛墓群	清代	县级　第二批	科尔沁左翼中旗
94	哈根庙遗址	清代	县级　第二批	科尔沁左翼中旗
95	慧丰寺古榆树	清代	县级　第二批	科尔沁左翼中旗
96	巴彦塔拉中学古榆树	清代	县级　第二批	科尔沁左翼中旗
97	塔拉吐古榆树	清代	县级　第二批	科尔沁左翼中旗
98	烈士陵园革命烈士纪念碑	近现代	县级　第二批	科尔沁左翼中旗
99	骑兵十一团烈士纪念碑	近现代	县级　第二批	科尔沁左翼中旗
100	查干胡硕辽墓群	辽代	县级　第三批	科尔沁左翼中旗
101	哈拉吐达古遗址	辽代	县级　第三批	科尔沁左翼中旗
102	嘎达梅林塑像	近现代	县级　第三批	科尔沁左翼中旗
103	西古大队遗址	新石器时代	县级　第二批	科尔沁左翼后旗
104	乌兰那仁草甸子遗址	青铜时代	县级　第二批	科尔沁左翼后旗
105	庙苏古城	辽代	县级　第二批	科尔沁左翼后旗
106	敖特根墓群	辽代	县级　第二批	科尔沁左翼后旗

序号	公布名称与单体名称	时代	保护级别及批次	所在旗县（区）
107	协力台遗址	辽代	县级　第二批	科尔沁左翼后旗
108	公河来遗址	新石器时代	县级　第三批	科尔沁左翼后旗
109	草根布拉格遗址	新石器时代	县级　第三批	科尔沁左翼后旗
110	散敦艾勒遗址	新石器时代	县级　第三批	科尔沁左翼后旗
111	门德来东北遗址	新石器时代	县级　第三批	科尔沁左翼后旗
112	西散都西北遗址	新石器时代	县级　第三批	科尔沁左翼后旗
113	敖包艾勒遗址	新石器时代	县级　第三批	科尔沁左翼后旗
114	两家子南遗址	新石器时代	县级　第三批	科尔沁左翼后旗
115	哈日根套布遗址	新石器时代	县级　第三批	科尔沁左翼后旗
116	道布格日遗址	新石器时代	县级　第三批	科尔沁左翼后旗
117	吉如海遗址	新石器时代	县级　第三批	科尔沁左翼后旗
118	胡日根苏莫东南遗址	新石器时代	县级　第三批	科尔沁左翼后旗
119	哈希雅图遗址	青铜时代	县级　第三批	科尔沁左翼后旗
120	散敦宝力皋遗址	青铜时代	县级　第三批	科尔沁左翼后旗
121	胡吉尔西遗址	青铜时代	县级　第三批	科尔沁左翼后旗
122	努古斯台遗址	青铜时代	县级　第三批	科尔沁左翼后旗
123	伊和淖尔遗址	青铜时代	县级　第三批	科尔沁左翼后旗
124	套海遗址	青铜时代	县级　第三批	科尔沁左翼后旗

序号	公布名称与单体名称	时代	保护级别及批次	所在旗县（区）
125	达日吐东遗址	鲜卑时期	县级　第三批	科尔沁左翼后旗
126	哈拉乌苏种畜场遗址	鲜卑时期	县级　第三批	科尔沁左翼后旗
127	阿拉嘎阿吉日嘎遗址	鲜卑时期	县级　第三批	科尔沁左翼后旗
128	敖都勒台南遗址	鲜卑时期	县级　第三批	科尔沁左翼后旗
129	东道日苏遗址	鲜卑时期	县级　第三批	科尔沁左翼后旗
130	廿其白东南遗址	鲜卑时期	县级　第三批	科尔沁左翼后旗
131	海斯改西南遗址	鲜卑时期	县级　第三批	科尔沁左翼后旗
132	吉尔嘎朗西北遗址	鲜卑时期	县级　第三批	科尔沁左翼后旗
133	巴润哈布其拉西北遗址	鲜卑时期	县级　第三批	科尔沁左翼后旗
134	乌兰楚鲁东遗址	鲜卑时期	县级　第三批	科尔沁左翼后旗
135	武汗遗址	鲜卑时期	县级　第三批	科尔沁左翼后旗
136	白兴吐东遗址	鲜卑时期	县级　第三批	科尔沁左翼后旗
137	达林西北遗址	鲜卑时期	县级　第三批	科尔沁左翼后旗
138	西散都遗址	辽代	县级　第三批	科尔沁左翼后旗
139	东花灯遗址	辽代	县级　第三批	科尔沁左翼后旗
140	西边布拉遗址	辽代	县级　第三批	科尔沁左翼后旗
141	玛琳格日遗址	辽代	县级　第三批	科尔沁左翼后旗
142	嘎日哈遗址	辽代	县级　第三批	科尔沁左翼后旗

序号	公布名称与单体名称	时代	保护级别及批次	所在旗县（区）
143	巴日嘎斯塔拉遗址	辽代	县级 第三批	科尔沁左翼后旗
144	那木吉拉南遗址	辽代	县级 第三批	科尔沁左翼后旗
145	海斯改北遗址	辽代	县级 第三批	科尔沁左翼后旗
146	乌罕遗址	辽代	县级 第三批	科尔沁左翼后旗
147	少敦艾勒遗址	辽代	县级 第三批	科尔沁左翼后旗
148	敖都勒台遗址	辽代	县级 第三批	科尔沁左翼后旗
149	阿新遗址	辽代	县级 第三批	科尔沁左翼后旗
150	西哈拉嘎台东北一号遗址	辽代	县级 第三批	科尔沁左翼后旗
151	敖包南一号遗址	辽代	县级 第三批	科尔沁左翼后旗
152	庙苏古城	辽代	县级 第二批	科尔沁左翼后旗
153	图古日格遗址	辽代	县级 第三批	科尔沁左翼后旗
154	巴润哈布其拉遗址	辽代	县级 第三批	科尔沁左翼后旗
155	僧格林沁水井	清代	县级 第三批	科尔沁左翼后旗
156	阿古拉岩画	清代	县级 第三批	科尔沁左翼后旗
157	金宝屯灌渠	近现代	县级 第三批	科尔沁左翼后旗
158	高若烈士墓	近现代	县级 第二批	开鲁县
159	阿民萨贺喜烈士墓	近现代	县级 第二批	开鲁县
160	麦新殉难地	近现代	县级 第二批	开鲁县

序号	公布名称与单体名称	时代	保护级别及批次	所在旗县（区）
161	八路坑烈士墓	近现代	县级 第二批	开鲁县
162	邢建华烈士墓	近现代	县级 第二批	开鲁县
163	无名烈士墓	近现代	县级 第二批	开鲁县
164	先锋墓葬	辽代	县级 第三批	开鲁县
165	古庙遗址	元代	县级 第三批	开鲁县
166	嘎海庙遗址	清代	县级 第三批	开鲁县
167	王府遗址	清代	县级 第三批	开鲁县
168	民国老住宅	近现代	县级 第三批	开鲁县
169	万合永烧锅旧址	近现代	县级 第三批	开鲁县
170	达林稿西夏家店下层文化遗址	青铜时代	县级 第二批	库伦旗
171	苇子沟遗址	青铜时代	县级 第二批	库伦旗
172	中乌兰岗夏家店下层文化遗址	青铜时代	县级 第二批	库伦旗
173	固日班白遗址	青铜时代	县级 第二批	库伦旗
174	额布斯台遗址	鲜卑时代	县级 第二批	库伦旗
175	布敦化山墓葬群	辽代	县级 第二批	库伦旗
176	荷叶板辽代墓葬群	辽代	县级 第二批	库伦旗
177	大窝铺北山辽代墓葬群	辽代	县级 第二批	库伦旗
178	赛音塔拉遗址	辽代	县级 第二批	库伦旗

序号	公布名称与单体名称	时代	保护级别及批次	所在旗县（区）
179	玛尼图西南遗址	辽代	县级　第二批	库伦旗
180	后柜元墓	元代	县级　第二批	库伦旗
181	四方庙清代庙址	清代	县级　第二批	库伦旗
182	曲降庙	清代	县级　第二批	库伦旗
183	清真寺	清代	县级　第二批	库伦旗
184	四家子北红山文化遗址	新石器时代	县级　第三批	库伦旗
185	喇嘛苏日格北夏家店下层文化遗址	青铜时代	县级　第三批	库伦旗
186	阿贵山辽代遗址	辽代	第三批	库伦旗
187	元仓子辽代墓葬群	辽代	县级　第三批	库伦旗
188	四家子东辽代遗址	辽代	县级　第三批	库伦旗
189	官山庙遗址	辽代	县级　第三批	库伦旗
190	十六连山辽代墓葬群	辽代	县级　第三批	库伦旗
191	喇嘛稿辽代辽庙遗址	辽代	县级　第三批	库伦旗
192	白庙子元代遗址	元代	县级　第三批	库伦旗
193	寿因寺旧址	清代	第三批	库伦旗
194	五家子南放包遗址	清代	县级　第三批	库伦旗
195	喀尔喀王府遗址	清代	县级　第三批	库伦旗
196	喀尔喀王墓葬群	清代	县级　第三批	库伦旗

序号	公布名称与单体名称	时代	保护级别及批次	所在旗县（区）
197	井泉寺遗址	清代	县级　第三批	库伦旗
198	库伦镇西大坝	近现代	县级　第三批	库伦旗
199	满得图遗址	新石器时代	县级　第二批	奈曼旗
200	小东沟东南遗址	青铜时代	县级　第二批	奈曼旗
201	酒局子墓群	辽代	县级　第二批	奈曼旗
202	太山木头东北遗址	新石器时代	县级　第三批	奈曼旗
203	巴彦敖包遗址	辽代	县级　第三批	奈曼旗
204	泊和乌素东南遗址	辽代	县级　第三批	奈曼旗
205	东梁遗址	辽代	县级　第三批	奈曼旗
206	老道山墓群	辽代	县级　第三批	奈曼旗
207	时江牧铺遗址	辽代	县级　第三批	奈曼旗
208	道老杜遗址	新石器时代	县级　第三批	扎鲁特旗
209	东沙岗遗址	新石器时代	县级　第二批	扎鲁特旗
210	十将军山墓群	唐代	县级　第三批	扎鲁特旗
211	梨树沟寺庙遗址	辽代	县级　第三批	扎鲁特旗
212	古井	辽代	县级　第二批	扎鲁特旗
213	哈达营子古榆树遗址	清代	县级　第二批	扎鲁特旗
214	甘珠尔敖包遗址	清代	县级　第三批	扎鲁特旗

序号	公布名称与单体名称	时代	保护级别及批次	所在旗县（区）
215	凤凰山革命烈士纪念碑	近现代	县级　第二批	扎鲁特旗
216	义和背革命烈士纪念碑	近现代	县级　第二批	扎鲁特旗
217	鲁北镇革命烈士纪念碑	近现代	县级　第二批	扎鲁特旗

后 记

　　《通辽文化遗产》是由内蒙古文物考古研究所组织编撰的《内蒙古文化遗产丛书》之一。全书按照时代序列编排，由早到晚分为新石器时代、青铜时代、战国秦汉时期、魏晋北朝时期、隋唐时期、辽金元时期、明清时期和近现代等八个部分，每一部分，大致依照古遗址、古墓葬、古建筑、石窟寺、石刻和其他等五个不同类别的文化遗产分类排序，依次介绍各个不可移动文物遗产的情况。

　　在此收录介绍的通辽地区不可移动文物点，共计85处，主要包括全国重点文物保护单位、内蒙古自治区文物保护单位以及部分市县级文物保护单位，另有部分未定级的重要不可移动文物点。收录介绍的不可移动文物点，包括文物的基本状况，以往工作与研究概况，保护和利用价值等，包括文字和图片内容。部分文物遗迹配有本体照片及出土文物照片。在编写过程中，突出了对重点文化遗产的介绍，对同一单元的同一时代文化遗存，排序上没有固定的要求，不完全按遗存时代先后顺序编排。

　　本书附录主要对通辽市的全国重点文物保护单位、自治区区级重点文物保护单位、市县级重点文物保护单位分别统计，内容包括公布名称与单体名称、年代、保护级别及批次、所在旗县（区）等几个方面的内容。公布名称是公布文物保护单位时的文物点名称，有时公布名称与文物点的命名不够统一规范，在后边括号中予以更正。个别文物保护单位是由多个单体文物点组成的复合文物体，这样的情况在公布名称下面一一列出单体名称。对于较特殊的线性文物，如长城遗址，按盟市域、旗县域的线路分布作单体统计，如库伦旗、奈曼旗秦汉长城、霍林郭勒市金界壕、扎鲁特旗金界壕，统计为三个单体文物。年代一栏不一定遵照当初公布文物保护单位时认定的年代，现依据最新的研究成果确定其年代。根据文物点的不同类型，有的仅列出始建年代，有的则一一列出文物的沿用年代。保护级别及批次方面，遵循文物点的最高保护级别为原则，如一个文物点，曾经公布为自治区级文物保护单位，现今已升级为全国重点文物保护单位，则按全国重点文物保护单位作统计；市县级要具体区分出市级、县级。

本书由闫洪森撰写综述及各单元简介；刘伟臣做了大量前期资料收集及遗址照片补拍工作，并制作了附录部分；由吉平、胡春柏、闫洪森统稿，陈永志审定稿。具体参加文物点撰稿的人员有闫洪森、刘伟臣、李·乌力吉、杨卫东、包思洋、刘志强、王成、包香玉、吴长胜、白格日乐吐、布日额、包斌斌、李占杰、金海英、张子徽、于大江、马海、秦宝华、冯吉祥、胡春柏、吉平等。

本书编写过程中得到诸多单位及个人的支持与帮助，在此一并表示感谢。本书的资料来源，主要包括内蒙古自治区文物考古研究历年来的考古调查与发掘成果、其他文博单位的考古调查与发掘成果、新中国成立以来开展的三次不可移动文物普查资料、全国长城资源调查资料、相关专家学者的考古研究成果等等。如此庞杂的资料来源，书中列出的注释，参考文献难免挂一漏万，如有瑕疵或纰漏，望原著者谅解。

本书承蒙内蒙古自治区党委常委、宣传部乌兰部长撰写了序言，在此表示由衷的敬意与诚挚的感谢！

由于编撰极其仓促，难免有错讹与不足之处，敬请读者批评指正。

编者

2014年4月2日